著

文教学之悟

郑州大学出版社

图书在版编目(CIP)数据

我的语文教学之悟/薛志民著. —郑州：郑州大学
出版社，2019.1
ISBN 978-7-5645-5964-9

Ⅰ.①我… Ⅱ.①薛… Ⅲ.①中学语文课－教学研
究 Ⅳ.①G633.302

中国版本图书馆 CIP 数据核字(2018)第 298679 号

郑州大学出版社出版发行
郑州市大学路 40 号
出版人：张功员　　　　　　　　邮政编码：450052
全国新华书店经销　　　　　　　发行部电话：0371－66966070
河南承创印务有限公司印制
开本：880 mm×1 230 mm　　　1/32
印张：9
字数：225 千字
版次：2019 年 1 月第 1 版　　　印次：2019 年 1 月第 1 次印刷
书号：ISBN 978-7-5645-5964-9　　定价：50.00 元

序

我爱着语文已 30 余年

"那是迷途的鸟儿，飞入树林；那是飘散的种子，落入土壤；那是掉队的战士，赶上队伍；那是走失的儿郎，重回故乡……"参加工作 32 年，从事初中语文教学 15 年，其后干过校长，当过秘书，若干年前回到语文教研员岗位上，总算又找到真正的自己。

回首来路，最充实的岁月是当班主任的日子，最幸福的时光是语文教学那些年。与学生们厮混在一起，斗智斗勇，有苦有乐，那是生命中最难忘的记忆；与同事朝夕相处，互为启迪，共同成长，情感友谊弥久愈香；潜心研读每一个文本，如琢如磨每一个课时，沐浴着文字和思想的光辉，对语文的挚爱已化为宗教般的信仰！

我教知识，也教能力

每个学生案头必备一本最新版《新华字典》或《现代汉语词典》，这是我初涉教坛的最低要求。"字（词）典是最好的老师"，在查字（词）典中弄清字的音、形、义，从识字规律上探寻识字方法技巧，增强对汉字意趣和中华文化魅力的认知。由字到词，由单句到复句，由语法到修辞，由文学常识到文体知识……在夯实知识点的基础上，梳理总结形成知识体系。沿着"双基"教学的传统懵懂前行，却发现万丈高楼平地起，基础扎实真的很重要。

怎样让学习发生在学生身上？"预习——听讲——复习"，虽然方法老套，却很实用。然而，语文教学只是为了分数吗？如果学生学习几年语文，说不会说，读不会读，写不会写，那又有何意义？根据农村孩子不会读书的现实，我制定了朗读层级。能使用普通话朗读课文，声音洪亮，吐字清晰，为第一层级；能掌握语音轻重、语速缓急、语调抑扬，情感饱满，语气流畅，为第二层级；能以情带声、以声传情，加上手势和表情，为第三层级。我要求每个学生都要达标升级。朗读是语言学习的最佳路径，如同走进森林深处，沐浴的是身心，俯仰的是天地。

能读，还要会听善说。一是开展"课前三分钟演说"，每节语文课前，同学甲两分钟演说，同桌乙一分钟评价。课代表主持，按座次进行，内容不拘一格。短短三分钟，生活万花筒；有说有听有评，一道课前风景。二是开展"每月一辩"，选定话题，由学生组成正反辩方，进行辩论。听说训练让孩子们变得能说会道、自信阳光、活泼有趣。曾记得，当一女生追逐打闹另一男生时，这个男生一句话"我很丑，但我比你温柔"，竟把她回击得溃不成军。

我教作文，也教做人

写好作文是语文教学的终极目标，我曾这样偏执地认为。教学生写日记，一坚持就是十几年，全校都保持着这一优良传统。语文学科一度成了"不倒翁"，不管与任何学校进行成绩联评，都稳拿第一。如何坚持下来的？"三好""两要"是保证。"三好"，即好本子，好格式，好标题；"两要"，即教师要批阅，要点评。每周开设一节阅读课，每个学生必备一个摘抄本，适时进行阅读积累展评，开展摘抄背诵比赛。写日记、广阅读、勤积累，练就了学生语文素养的童子功。

一学期结束，让学生把写过的作文提取题目编成目录，标上页码；写上"前言""后记"，配上插图，为作品集起上名字。作文本不仅是作业，更是记录成长历程的温暖记忆。组织学生利用寒暑假时间办手抄报、小杂志，自己组稿、自己印刷。成立碧野文学社，开办社报《风笛报》，为全校学生搭建作文发表平台。尝试让学生批改文章，总结批改方法，给出批语原则，提出批改要求，老师示范改，学生模仿改，一学期训练下来，多数学生能在短短 15 分钟内写一页批语。写作文，批改作文，作文成了学生最大的乐趣。

有道是文如其人，作文就是做人。写日记不只是日常练笔，更是自我反省。作文不只是生活的真实反映，更是对真善美的追求和张扬。一篇好文章，是一个人语言能力、文化素养、思想情感、人生态度和价值观的综合体现。以做人为作文之本，用作文促进做人。在文字和美的濡染中，学生们有了自觉的道德成长，精神拔节。

我乐写，学生也乐写

上师范时，两次作文得到文选老师肯定，点燃了我的写作激情。工作中，每有感受就欣然为文，写散文，写诗歌，写随笔，也写教学论文……真情实感是作文的根和灵魂。每当我把反复修改后的文稿分享给学生时，他们都很专注地倾听着，感受着，学生成了我的忠实"粉丝"。我乐于写作，他们也乐于写作。教师的示范性比任何空洞的指导和说教都有说服力。这就是教师下了"水"，学生才会"水"。

有人说，当你练习够 300 篇文章后，就能达到发表水平。在积累厚厚一摞文稿后，我开始了对外投稿。下水文、生活随笔、教学论文等陆续发表，尤其是语文学习方法论文《铺得开，沉得下》竟在《学习方法报》头版头条刊发……一石激起千层浪，学生们也开始纷纷对外投稿，作品先后见诸《青少年日记》《作文指导报》等报刊。文字变成铅字的喜悦，使大家的写作热情空前高涨。浸泡在文学世界中的我和我的学生，宛如走进春天的百花园，看得见花开，听得到鸟鸣，嗅得到新鲜空气，触摸到点点温暖……作文，让生活、生命、生态，有了质的改变和发生。

我写作，我快乐，我幸福。如果说过去写文章是为教学的话，如今则成了我的生活惯性、生命方式。因为生活是那么美好，若通过文字能触动读者心头一丝震颤和一缕柔软，也足够令人安然欣幸。我曾想，假如没有写作，我拿什么来度过余生？尤其当生活的风雨袭来时，什么又是我疗伤的良药？沿着认真作文、认真做人的道路，我逐步走进汝州市作协、河南省作协的圈子，还浪得虚名忝得汝州市作协副主席的名号。对文字，我抱满感恩和虔敬。

我在课堂上成长，也在听课中汲取营养

课堂是师生的生命场，是教师誓死捍卫的阵地。没有课堂上的出生入死，哪有灵魂的崇高和受人仰望？没有课堂上师生生命的共同流淌，哪有涓涓细流滋润学生健康成长？老师应该让课堂成为对学生形成神秘吸引和抓牢学生心灵的魔法师。然而，好课非偶然，备课是关键。我从不敢在备课上走捷径、贪省事，总是先认真研读文本，自己学通透了，再去想怎么备课。从课堂导入到教学流程，从提出问题到情境预设，从启发诱导到教学评价，从课堂练习到板书设计……都要一字一句写在本上，然后反复推敲，仔细琢磨，直到每字每句都放安稳，才略略释然。

我热爱课堂，更敬畏课堂。每一次公开课、示范课，都是最难得的自我提升机会。课备好后，先面壁试讲，再到课堂上讲，请人听评，加以改进。如此磨课过程，虽然艰辛却倍有收获。对语文课堂，我有完美情结。一节课下来，立即结合教学情境进行课堂反思，在反思基础上进行二次备课。如今，我的书柜里保存着历次公开课的一备稿、二备稿。于我而言，这厚厚一沓讲稿比厚厚一沓人民币都金贵！

做语文教研员后，讲课机会少了，听课机会多了。听课中我常常反问自己：假如我是学生，我有哪些思悟、提升，我将如何去实践？假如我是导师，我将如何指导讲课者进行教学设计、开展师生互动？假如我是执教者，我如何对学生遇到的问题提前做出预判，从而采取相应对策？因为课堂是动态的、生成的，没有充分预备是上不好课的。听课是一种海量学习，萃精华、纳众长。但是，只听课不上课，必然眼高手低。我时常走进课堂，享受累并幸福着的精神快感。我始终认为，教师的生命只有在课堂上才能放声歌唱。

我爱着语文，已好多年，本书也算我和语文的爱情结晶。我把它分为成长之思、课堂之悟、作文之探、下水之乐四个部分，以期对读者在教师成长、课堂研究、作文教学和写作方面能有所启发。只是由于本人才疏学浅，文中疏漏和谬误之处在所难免，还望各位方家不吝赐教。我也将以此为动力，就这么深沉狂热、无怨无悔地和语文痴爱下去，在追寻教书之道、育人之道、为文之道上，把和语文的爱情写成一部传奇！

薛志民

2018 年 10 月

目 录
C o n t e n t s

成 长 之 思

成长之思

做一名心中有梦的老师

"生活不只是眼前的苟且,还有诗和远方。"身为教师,一方讲台就是一汪诗的海洋,就是通向远方的起点。教师不要小觑自己的力量,既要脚踏实地工作,也要仰望星空追梦。

一、梦是理想信念

朱永新在《新教育之梦》中说:"优秀的教师要永远伴随着自己的梦想。当生活没有梦时,生命的意义也就完结了,教育也就没有了意义。"朱永新用自己人生的轨迹给"梦"做出了最好的诠释:大队泥水匠、大学生、博士生导师、苏州市副市长、中国教育学会副会长……一名理想的教师,应该不断地追求成功,设计成功,撞击成功。教师自从参加教育教学工作的第一天起,就要想一想,我三到五年要达到什么样的高度,五到十年要达到什么样的高度,二十年后要达到什么样的高度;当退休时能无悔地说,我对得起教过的每一届学生,对得起大半生走过的路……这就是专业发展规划。

2014年9月9日,国家主席习近平在北京师范大学师生代表座谈会讲话中指出,好老师应该有四个方面的特质:要有理想信念,要有道德情操,要有扎实学识,要有仁爱之心。年轻教师更要把理想信念放在第一位,因为年轻是资本,是智本,是志本。一个年轻教师如

果三到五年还不能进入专业发展轨道，恐怕很难在教育教学工作方面有所造就。有些教师领悟得早，一从教就表现出极大的教育热情，全身心地投入到了教育教学工作中，很快就形成了自己的教育教学理念，形成了自己的教育教学风格，斩获了一系列的教育教学成果。有些教师领悟得晚一些，但这也不可怕，只要及时调整自己的思路，确立奋斗目标，持之以恒地走下去，很快就会驾轻就熟，步入如鱼得水的境界。

二、梦是不断追求

对于心中有梦的教师来说，教育不是牺牲，而是享受；教育不是重复，而是创造；教育不是谋生手段，而是生活本身。苏联著名教育家苏霍姆林斯基，出身于农民家庭，十六七岁时任小学教师，后参加卫国战争，身负重伤。复员后到地方先后担任中学教师、教务主任、校长、区教育局局长等职。26岁时，辞去局长，专职教书。29岁时担任帕夫雷什中学校长，23年来他把帕夫雷什中学作为实验室，对3500个学生做了观察记录和研究，总结出了系统的教育规律，成为享誉世界的大教育家。他的著作《帕夫雷什中学》被视为"先进教育思想的完整总结"和"学校生活的百科全书"，被公认为"活的教育学""马卡连科思想的继续发展和进一步丰富"。

教无止境。愈教愈惑，愈惑愈教。有了积极向上的追求，就会发现其中的问题，就会在研究问题、解决问题中得到快乐、得到幸福。做班主任，研究研究如何解决学生不良上网的问题、学生在青春期遇到的情感问题，如何提高学生学习注意力的问题，等等，对学生、对社会就是一种贡献。做语文老师，研究研究如何引导学生热爱祖国的语言文字，培养学生听、说、读、写的能力；如果语文教学的结果是学生说不会说，写不会写，那么考的分数再多都是毫无益处的。做物理老师，培养学生对物的热爱、对理的探究，锻炼学生的动手能力，真正让学生学以致用，这就抓住了教学的根本。做音乐老师，向学生普及基本的音乐知识，学会传唱一些能够百年不忘的歌曲，用音乐去陶冶学生情操，激发学生认识美、欣赏美、享受美、创造美的愿望……教师如果没有积极向上的追求，就会被时代抛在背后。特级教师高万祥说过，一个自己不动笔写作的语文老师不是一个好老师。同样，一个连电子邮件都不会发送的老师又怎么去和现在的孩子交流呢？

三、梦是非功利之心

犹太人谚语："改变一个人，就等于改变世界。"就像那个努力把海滩上搁浅的快要干死的小鱼扔回大海的小孩。当别人告诉他大海不在乎小鱼时，那孩子回头说道："可是这条鱼在乎。"我常常被这个故事感动，我希望自己也希望大家能做那个海边在乎每个生命的小孩。当你还在为那些成绩落后的差生垂头丧气时，当你还对他们另眼相看时……你有没有想到三十年后他们会是怎样的状况？有位专家说，老师要把每一节课当作三十年后的师生聚会。现在所谓的差生未来可能是最牛的老板，现在所谓的调皮捣蛋学生未来可能是管你的局长、市长。学生的差异性较大，更需要我们创造适合孩子个性需求的成长空间。我很欣赏有位校长说过的一句话：安安静静做教育，希望老师们的脚步不再急急匆匆，而是慢一点、再慢一点。这里面包含着一种浓厚纯真的教育情结，一种崇高朴实的教育情怀——去功利。这才是真正的有梦人。

对教师个人而言，选择教学意味着选择了淡泊，选择了奉献。如果天天想着发财，那就一天也干不下去，只好转行；如果转不了行，还不调整自己的心态，那就只能天天折磨自己，甚至误人子弟。教师

的工资虽然不高，但这些工资还是很顶用的。人之所以有痛苦，是因为欲望没有得到满足。如果太多欲望难以短期内满足，减轻痛苦的最好办法是降低欲望。俗话说，境由心造，事在人为。一味埋怨，只能天天有苦恼；蹲位实干，才能日日有快乐。教师要不断地修行，在工作中学会欣赏自己，欣赏自己的教育对象，欣赏身边的同事和领导。教师的一生不一定要干成什么惊天动地的伟业，但它应当犹如百合，展开是一朵花，凝聚成一枚果；它应当犹如星辰，远望像一盏灯，近看是一团火。在"照亮"学生的过程中，同时也"照亮"了自己。

　　心中有梦的人生，才是幸福且充实的人生，才是幸福且快乐的人生。一个理想的教师，应该是个天生不安分、会做梦的教师。一个教育工作者不管工作了多少年，都要做到教育理想之火不熄，都要永远葆有一颗赤子之心。

做一名脸上有笑的老师

古希腊哲学家苏格拉底说："在世界上，除了阳光、空气、水和微笑，我们还需要什么呢？"微笑同生活中的阳光、空气、水分一样重要。作为教师，应该心中有爱，脸上有笑，用微笑打开学生的心智之窗。

一、带着微笑走进课堂

良好的师生关系是教育教学活动取得成功的必要保证。其中非常重要的一点是教师要学会用微笑面对每一位学生。老师真诚的微笑是一种无声的语言，它向孩子们传递一种信息：我喜欢你，你能行。这将给学生带来良好的心境和积极情绪，进而产生奇妙的效应。据专家测定：学生在轻松愉悦的气氛下，大脑的兴奋感会处于积极的状态，学习效率能比在消极状态下提高 30%~45%。我曾经听过一位老师的课，她自始至终保持着淡淡的、温和的、甜美的微笑。这堂课给我的感受是非常轻松、温暖、舒服，相信同学们也会有同样的感受。下课前，我情不自禁地给这位老师发了一则短信："您的微笑是最美好的表情，这是您爱心之泉汩汩流淌的溪水，一定会滋养学生健康快乐地成长。"

成功的教学依赖于一种真诚的理解和信任的师生关系，依赖于一种和谐而安全的课堂气氛。教师在走进课堂时，一定要调整好自己的

心态。尤其是当工作、生活遇到挫折，或者其他因素使自己情绪不佳时，更要学会控制自己，把自己的情绪调整到最佳状态。千万不能把负面情绪带到课堂，甚至迁怒于学生，把学生变成自己的出气筒，这对自己和学生都是一种伤害。教师面带微笑的表情能使学生们心情愉悦，愉快地投入学习，思维也变得敏捷，能提出有价值有深度的问题，并能积极解决问题，这反过来又对教师产生积极的影响。这样一来，教学目标的达成度就高。教师要努力做一个快乐的老师，做一个制造快乐的老师。

二、带着微笑处理问题

有些老师片面地认为，面对形形色色的学生，就得板起脸来，显出自己的威严，否则学生很难管。于是，不论在课堂上还是在平时的相处中，总是不苟言笑。特别是当学生违纪或者遇到纠纷时，更是怒从心中生，对学生动辄训斥、责骂。这样看似一时压制了学生，平息了事件，其实压而不服，于事无补。曾在某报刊中读到一则故事——《玛丽的微笑》。玛丽打开门时，发现一个持刀的男人正恶狠狠地看着自己。玛丽灵机一动，微笑着说："你好，是推销菜刀吧？我正需要一把。"说着把男人让进屋，接着说："你的样子很像我过去的一位朋友，看到你真高兴，你要咖啡还是要茶？"歹徒腼腆起来，结巴着说："谢谢，哦，谢谢！"最后，玛丽真的"买"下了那把明晃晃的刀。那男人拿着钱走了，临出门时，他说："小姐，你将改变我的一生！"

这则故事告诉我们，当学生之间发生摩擦纠纷、矛盾冲突，或做出所谓出格的事情时，老师更要保持足够的冷静，先把自己的情绪平复下来，认真倾听事情的来龙去脉，了解事情的根源，以便做好对学生的思想疏导和教育。倘若老师一脸怒容，弄得学生噤若寒蝉、战战兢兢，学生还怎么敢倾吐自己的心声？要知道任何人在情绪不好时都不太容易将问题解决好，很多的时候反而把事情弄得更糟。教师更是如此，要善于把暴风骤雨变成春风细雨，引导教育学生学会生存交往，从而建立和谐的同学关系、师生关系，发挥教育的实效。

三、把微笑洒给每个学生

陶行知先生说："你的教鞭下有瓦特，你的冷眼里有牛顿，你的讥笑中有爱迪生。你别忙着把他们赶跑。你可不要等到坐火车、点电灯、学微积分的时候，才认识他们是你当年的小学生……"教师对每一个学生都要一碗水端平，不要以学生的个体差异来否定其人格上的平等。特别是对那些"双差生"，以及智商、体格、生活上有缺陷的学生，更要一视同仁。要深知过多地赞美大树，会伤害更多的小草。老师爱学生就要把欣赏的目光投向每一个学生，让更多的孩子从中感受到殷切的期望，体验成功的喜悦，获取向上的动力。

这段话告诉我们，教师要公平地对待每一个学生，不应该厚此薄彼，冷热有别，要把微笑的阳光洒到那些最不易照射到的学生身上，这才是"以人为本"的真正体现。然而，现实生活中，老师总是会对那些"听话"的好学生以笑相待，而对那些所谓的学困生、"双差生"另眼相看。殊不知，正是由于老师缺乏对他们足够的尊重和关注，才导致其丧失信心，自暴自弃，越学越差。一次作文课上，有个学生咬着笔杆难以下手，我微笑着在他面前站立了五六秒钟，然后告诉他："把你心里的想法理一理，哪些是先想到的就先写，开头写出来后，下面就自然顺手了。"这个学生仔细想了想，终于动笔了。虽然文章算不上优秀，但写得非常真实，这就是进步的开端。

《学习的革命》中有这样一段话："如果一个孩子生活在批评之

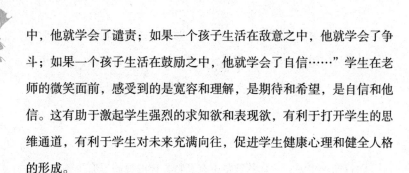

中，他就学会了谴责；如果一个孩子生活在敌意之中，他就学会了争斗；如果一个孩子生活在鼓励之中，他就学会了自信……"学生在老师的微笑面前，感受到的是宽容和理解，是期待和希望，是自信和他信。这有助于激起学生强烈的求知欲和表现欲，有利于打开学生的思维通道，有利于学生对未来充满向往，促进学生健康心理和健全人格的形成。

微笑是不用化妆的最美妆容，是与人交往的特别通行证，是积极人生态度的传递。教师的微笑，是送给学生的特别礼物。愿每一位老师都能做到心中有真爱，脸上有笑容。

做一名手中有书的老师

"人类的精神发育史就是一部阅读史。"对于女性，书籍是最好的美容品；对于男性，书籍是挺酷的一张名片。人这辈子，谁都离不开读书。读书之于普通人而言，是提升素质、修养身心的需要；对广大教师来说，更是推动工作、促进事业发展、提高教育教学质量之必需。

一、手中有书才能摆脱平庸

一个不读书的教师，穷其终生，也只能是个教书匠；而有着一定文化积淀的教师，教学时间未必太久，年龄不一定多大，却能够脱颖而出。然而，教师工作压力大，生活负担重，缺乏足够时间安下心来学习，这种局限也是客观存在的。但也并非全部如此，有些同志是因为满足于现状，习惯于自我欣赏，不愿意学习；有些同志是因为缺乏教师专业发展规划，目标不明确，缺乏学习动力；有些同志一旦完成了职称晋升就万事大吉，丢了原来的学习热情；有些同志则是业余爱好偏颇，倾向于酒桌、牌桌，离开了书桌；有些教师则是不会挤时间，想学习却找不到时间；有些同志只盯着自己的那一块工作，用什么学什么……凡此种种，不一而论。

殊不知，不善于学习造成的是新形势把握不到位，新理念接受不进去，新方法不得而知，思想僵化、因循守旧，坐井观天、盲目乐观，工作被动、学生不满，等等。这种现象，都与教育大改革、大开放、大竞争的时代潮流格格不入，都与当今学生、群众、社会对教育和教师的要求的不断提高不相适应。时下，我们正身处教育改革的攻坚期、教育发展的关键期、教育矛盾的凸显期，教育、教师面对着改革开放的考验、内外部竞争的考验、家长和社会的考验。我们不懂、不熟悉、不精通的东西还很多，或者过去懂的、熟悉的东西，随着教育的迅猛发展和知识的迅速更新，又变成不懂、不熟悉的了。特别是在当前，教育现代化、信息化、全球化、教育与经济一体化的大潮汹涌澎湃。我们每个人都要以等不起、慢不得、坐不住的学习意识，以只争朝夕、时不我待的精神投入到学习之中。只有及时、扎实、持续地学习，才能开阔眼界，把握教育发展大局；才能紧扣形势要求，及时转变观念；才能认识自身差距，增强工作动力；才能有效捕捉信息，不断创新教育教学方法；才能借人之长，补己之短，加快教师专业发展。

二、把读书当作生活方式

"学然后知不足，教然后知困。"教学需要丰富的知识储备、能力储备、文化修养储备。特级教师闫学说，教师的教育教学智慧从哪里来？从实践中来，从思考中来，从学习中来。这里的"学习"，除了指向优秀教师学习外，很重要的一点就是不间断的阅读，因为不间断的阅读可以培养教师敏锐的眼光和拨云见雾、直抵问题核心的实践智慧。名师的谆谆告诫，充分说明学习的重要性。越学习越感到自己的渺小和无知，越教越能发现工作中的困惑和不解。把学习与教学结合起来，达到学以致用，会进一步增强学习的动力。幸福的教师都热爱读书，把读书当作一种生活方式，当作一种生活习惯。他们永远不会等有大把空闲时间才阅读，而是见缝插针，想读就读；永远不会走进书房才阅读，因为他们知道任何地方都可以阅读；永远不会有用才阅读，因为他们清楚急功近利、立竿见影是妄想；永远不会嫌自己读得太晚，因为他们深知只要行动，就有收获。

俄国作家契诃夫认为，人应当有三个头脑：生来的一个头脑，从书中得来的一个头脑，从生活中得来的一个头脑。幸福的教师都明白：只有多读书方可重新认识自己，保持头脑的清晰，在竞争日渐激烈的社会中永远立于不败之地。读书会让枯燥的生活变得有意义，会让工作永葆活力，会丰富我们的精神世界，让心灵永远保持纯净，宁静，浪漫，激情……"书卷多情似故人，晨昏忧乐每相亲。"把时间的边角废料编织成一件读书的百衲衣，这是天赐的零成本的欢愉。读书成为常态，工作才能进入更好的状态。作为教师，只有树立终身学习的信念和决心，才能担当起教书育人的使命与责任，才能不负人民的期待与重托。

三、手中要有哪些书

第一，要结合教育教学工作，读一些教育理论书籍。如苏霍姆林斯基的《给教师的建议》、霍华德·加德纳的《多元智能》、黄全愈的《素质教育在美国》、李镇西的《爱心与教育》、朱永新的《我的教育理想》、宋洪昌的《第三只眼睛看教育》等，都很适合中小学教师阅读。第二，要读一些优秀的教育期刊。因为优秀刊物上的文章比较精粹，也比较集中于大家所关注的问题，比较前沿和新锐。如《人民教育》《当代教育科研》，以及一些学科类的教育期刊。第三，适当阅读一些学生喜欢的时尚流行书籍。读这类书，可以随时了解学生的思想动态，以便加强对学生读书的指导和人生观、世界观教育，帮

助学生提升欣赏品位。如学生喜欢阅读的韩寒、郭敬明等人的书籍。总之，教师可读的书还有很多，凡是贴近教育教学工作的，都应该列为必读之书，即使那些所谓的闲书，也不妨偶尔读之。读书如同吃饭，要杂一点，才更有营养。所谓涉猎广泛、厚积薄发，每一次与书的亲近，都是为今后做准备。

然而，中国教育最大的悲哀之一就是教师不读书。难怪中小学语文教科书总主编、北大中文系教授温儒敏先生大声疾呼：教师要当"读书种子"，不管再忙也要有块精神"自留地"，哪怕是一块不大的"自留地"。要多读书，增学养，求发展。因为不阅读，心灵会荒芜，知识会陈旧，思维会惯性，激情会消失。

苏霍姆林斯基在《给教师的建议》中说："读书不是为了明天上课，而是出自本能的需要，出自对知识的渴求。"在一定意义上说，我们只有博览群书，阅读古今中外名著，才能与大师对话，与大师心灵相通，获得人生感悟和生命的体验；才能拓宽我们的内涵，丰富我们的思想，有思考地站在一定的高度进行知识更新，适应现代教学的需求，熏陶、鼓励学生感知阅读材料，与文学作品进行直接交流，与作者产生心灵的共鸣。

每个人都有自己的夜间模式。为了不重复自己，为了更好地为人师表，请关闭你的手机，开启你的读书模式吧！

做一名身上有情的老师

情感是人一切行为的动力。在教育过程中，教师对学生、对教育的情感怎样，会直接影响到教育和教学工作的成败，会潜移默化地影响学生个性特征的形成和发展。

一、用热情感染学生

热忱是人的"内心之神"，"没有热忱，便没有伟大的成就"。优秀的教师大多拥有满腔的热情，热爱学生、热爱学校、热爱工作。霍懋征老师说过："是什么力量把一个人见人烦的孩子，变成人见人爱的孩子？是爱。爱是阳光，可以把坚冰融化；爱是春雨，能让枯萎的小草发芽；爱是神奇，可以点石成金。"教师对于学生的热爱，能在教师和学生之间形成一种依恋性的情感体验，使得学生乐意与教师进行交往，并在教师那里寻找温暖和寻求知识。教师的爱，能使学生把对父母的爱转移到教师身上，从而产生一种对教师的亲切感和依恋性。这种良好的师生关系，将发挥"亲其师，信其道"的教育作用。心理学关于模仿的研究证明，人总是趋向于模仿爱他和他所爱的人，也就是说，爱能产生模仿的意向。教师对于学生真挚的爱，会对学生产生一种极大的影响作用，学生往往把爱护他的教师这个外在榜样的各个方面的特点，乃至言谈举止，甚至老师的字体，都内化为自己的特点。

　　教师对学生的爱表现在对学生学习积极性的培养和希望学生成才的期待上，他们通过笑容、眼神、语调、接触的方式和态度来表现关心学生，使学生更加自尊、自信、自爱、自强。教师对学生真挚的爱和暗含的期待，可以产生巨大的感召力、推动力。它不仅能诱发学生积极向上的激情，而且影响着学生的智力、情感、个性的成长。在日常教育中，经常出现这样一种现象：教师喜爱某些学生，希望他们进步，一段时间以后，这些学生常常如老师希望的那样进步了；反之，教师厌恶某些学生，对他们另眼相看，不抱希望，致使这些学生"破罐子破摔"，成绩每况愈下，品行变劣。可见，教师对学生的情感如何，直接激发或刺伤着学生的自尊心和自我意识，直接影响着学生的成长。

　　二、用激情绽放课堂

　　激情是一种强烈而短促的情绪状态。在课堂教学中，学生有了激情的参与，才有认知的渴望，才有表达的欲望，才有智慧的灵动，才会引发学生深深的感悟、独特的体验。德国教育家第斯多惠说："教学的艺术不在于传授的本领，而在于激励、唤醒、鼓舞。"教师有了激情，就会显得神采奕奕，才能吸引学生，感染学生，激活学生思维，自然而然地调动起学生的学习兴趣，呼唤起一个个充实的灵魂；教师有了激情，教学活动就能生动、形象，富有情感性，从而使教学峰回路转，增强教学效果。相反，教师没有激情，课堂教学就像一潭死水，缺失了灵性。教师无激情讲课，学生必然无激情听课，课堂僵死而没有生机。

　　著名的教育家苏霍姆林斯基曾说过："如果教师不想方设法使学生进入情绪高昂和智力振奋的内心状态，就急于传授知识，那么这种知识只能使人产生冷漠的态度，而不动感情的脑力劳动就会带来疲倦。"有本事的老师，笑着就能让学生尊敬和信服！因为只有激情才能以心激心，以情感情，以行带行，学生才会被教师的激情和魅力折服。如果学生喜欢老师，就会"爱屋及乌"，也会喜欢这门功课，这是提高教学和学习效率的先入为主的一步。美国学者威伍在《激情，成就一个教师》中说过这样一段话："想要教好的教师可能在大多数情况下都是志向更高和激情奔放的。伟大至少一部分出自天赋，这是无法传播的。然而，伟大的教师一定是激情的教师。"

三、用情怀坚守教育的美好

"大国民的大度，往往立足于小时候的小事情"。"教育是农业"。陶行知当年的真知灼见至今也远未过时。农业就是栽培，是精致的活儿，是日积月累的过程，拔苗助长不行，急功近利的"反季节"也不见得好。同理，教育有其自身的规律，是慢的艺术。回归教育本质，就是舌种笔耕，摒弃浮华，回归朴素；就是在教学相长中，师生共同感受成长的快乐，享受青春和生命在日月朗照、澍雨滋润、星光耀熠下，像庄稼一样生根、发芽、拔节、开花、结果。新东方教育的俞敏洪说过，当初孔子在曲阜筑杏坛，其教化影响力远远大于现在的任何一个教育企业；朱熹等智者在岳麓书院传道，对于中国文化的贡献也远胜今日的任何一所大学。是啊，"暮春者，春服既成，冠者五六人，童子六七人，浴乎沂，风乎舞雩，咏而归。"这是多么美好的教育意境。

教育首先是影响人和培养人的事业，影响人的生命态度，培养人的人格品质。王崧舟老师用自己的教育实践告诉我们，教师的教育情怀是教师对教育所产生的一种心灵状态，达到的一种心灵境界。教师最重要的使命就是坚持以生为本，顺应儿童天性，遵循自然规律，促

进学生自然成长；就是坚持因材施教，呵护学生自尊，鼓励自主学习，自信成长；就是引导孩子们呈现美好、体验美好、唤醒美好、朝向美好。让教育充满人性和诗意，更加接近理想的教育和教育的理想。这应是我们追求的教育情怀。

任何一项工作，如果把它当作一种职业、一种糊口的手段，就永远逃不出"驴拉磨"的痛苦樊笼；即使你把它当成一种奉献、一种牺牲，也还远远不够。因为任何单单怀有奉献和牺牲的明确意念的人，都不可能将工作热情燃烧成终生不灭的火焰。只要还隐隐约约期待某种奖赏和报答，那么工作对于他就还仅仅是索取的手段，而不是对人生的实实在在的享受。有热情、有激情、有情怀，最重要的是把教育历练为内心的一种享受。

做一名眼中有事的老师

"学校无小事，事事皆教育。"教师这个职业是注定要做到眼中有物、眼中有事、眼中有人、眼中有活，能够从别人看不到的地方发现事情，能够从别人想不到的地方想到问题，并能科学有效地加以解决，促进学生健康成长。

一、用心走近每一个学生

多数学生遇到解不开的心结时，宁可把自己封闭起来，也不愿主动寻求他人的帮助，但是其内心会隐隐地有一种期待，期待老师能够发现并给予自己以保护或援手。新学期伊始，我拿着课本走进教室，习惯性地把每个同学扫视一遍。她，引起了我的注意。教室后排的一角，她正襟危坐，面色微黄，眼睛失神地望着前方。她与周围的同学似乎有一道鸿沟，她不理会别人，别人也不理会她。我想，她可能是个外转生吧，不然怎么显得如此离群索居，神情抑郁？这样下去可不是办法呀！

于是，我悄悄地走到她身旁："你是新转来的吧？""嗯。""家是哪里的？""小屯。""小屯什么地方？""时屯。"我心里不由"咯噔"一下，这年"7·15"洪水，时屯可是我们汝州市受灾最严重的一个村子。"你们那里遭了水灾，现在情况怎样？"她终于露出一丝微笑："现

在人们该干啥干啥,有些房子塌了的,上级发有帐篷。""你家呢?""俺家没事。"

我松了一口气:"还好。这么远来上学,适应吗?"这一问,她不吭声了,眼眶里噙满泪水。她许是遇到了困难,我接着问道:"有饭票吗?""还没换。""那怎么吃饭的?""没吃。"我们的谈话惊动了周围的同学,前边的"大眼睛"女生扭头说:"我有饭票,咱俩先一块儿吃吧。"她点了点头。"以后,生活上、学习上有啥困难就说出来,老师和同学都会帮你的。"我嘱咐她一番后离去了。

第二天上课时,我不由向后面望去,她正在准备学习用具。下课了,我又一次走近她,轻轻地叫了一声。我想,要让她进一步打开心扉,还需要不断地唤醒和鼓舞。她立即站起来看着我,眼睛明亮了许多。"你初来乍到,要学会适应新环境,要善于主动接触别人,不然就把自己封闭了。"她用力点了点头,坐下了。

星期五下午是作文课,作文题是"我……"。课堂上,我巡视着同学们的写作情况,走到她身边时,我俯下身子,她的题目是《我并不孤独》,已经写了大半页。看她投入的状态,我不禁欣慰地笑了。当初那朵打蔫的小花,如今已颇有几分水灵。在老师和学生的默默关注、关爱中,她正一步步走出困境。

假如老师不主动走近这个学生,她又会是一番怎样的状态呢?每逢想起这件往事,我都会告诉自己,教师要用心走近每一个学生,教育的契机往往在这里发生。

二、以慈悲之心去发现

佛家说,因有善缘,才有善果。文人说,因有善良心,才有诗世界。画家说,因有敬畏心,才能看到大自然的绚丽和神奇。对老师而言，因有慈悲心，才能发现教育的问题，教育的价值。我读过一位名师的工作札记，其中有篇文章是这样写的。她曾接手一个初中二年级的班级，第一天就发现全班50名学生竟然有13名学生戴着近视眼镜。这是一个多么可怕的现象。然而，造成这一现象的原因是什么？经过认真观察，她找到了两条重要原因，一是学生平常读书、写作业的坐姿不正确；二是学生课余时间过度玩手机。再一查资料，更让她触目惊心。据一次全国青少年体质健康调查，在一些大城市，青少年肥胖率已经超过发达国家；眼睛近视的比例更不容乐观，初中生接近60%，高中生达76%，大学生甚至高达83%。

难道教师整日忙忙碌碌，最终却把一个个富有天性的孩子培养成戴着厚厚眼镜片、身子骨不经捶打的人吗？教育做不好，民族的未来又在哪里？有人说过，一个民族没有科学技术，一打就垮；没有精神和文化，不打自垮；没有强健的体魄，连场都上不去。于是，她首先要求学生坐姿正确，做到"胸离桌子一拳，眼睛离书本一尺，手离笔尖一寸"，坚持督促指导，促使学生养成良好习惯。接着，她又精心策划，召开了一场主题班会——"别让手机赖上你"，邀请学生家长参与其中，并与学生、家长共同签订"课余使用手机承诺书"。为了把学生的星期天、假期引向大自然，她还煞费苦心地倡导开展节假日亲子游活动，举行"美丽瞬间"手机拍比赛，要求学生把出游时看到的美景拍下来发到班级微信群，并进行评比和奖励。

学生"戴眼镜"这一现象，看似稀松平常，在这位老师眼里却成了大问题，引发一连串的思考和探索，并最终转化为有益的教育活动，这就是教师的教育魅力。

三、做深度的观察思考和探究

人上一百，形形色色。教师每天要面对不同的学生、不同的问题，这个学生老迟到，那个孩子上课老坐不住……这些看似微观的教育问题，我们有没有想过进行一番研究呢？李镇西校长在文章中记述过这样一件事：学校有个叫唐燕的老师，刚工作不久。有一天，她到李校长办公室来，请求别让她当班主任。她说，因为班上有一个孩子她管不住，打架斗殴，迟到旷课，不听话，动不动还要跳楼。一想到他，唐老师就没心思来上班。这个时候，李镇西校长说："唐老师，恭喜你有了一个科研对象。一个医生遇到一个病人，会怎么想？他会想，我要研究这个病人。而老师却相反，一看学生不好教就想回避。这怎么能行呢？"

唐老师愉快地接受了李校长的建议。一年后，唐老师休产假前给李校长留下了一本关于这个孩子的跟踪研究报告。李校长看了她的跟踪结果，有分析，有反思，有故事，有情节。后来，这些研究结果在杂志上发表，还出了本书。之后，唐老师不当班主任了，当了干事、办公室主任，都做得不错，当时所有人都认为她前途无量。可是主任没干上两年，她来找李校长，请求辞去办公室主任，还想当班主任。她是这样说的："李校长，你给我看一下现在哪个班问题最多，我愿意做这个班的班主任。这不是因为我多有能耐，也不是我有多高尚，而是我想研究教育。"

教育的确不是那么简单的，每一个人都是一个独特的世界甚至宇宙。作为一线教师，我们也会经常遇到类似的问题。是逃避，还是跟进？其中的高下不言而明。勤于观察，善于发现，坚持研究，把每一件事做好，对学生可能影响深远，甚至镌刻一辈子。当然，在这个过程中，教师自身也得到了成长，收获了幸福。

做一名生活有"色"的老师

　　教育是促进人全面发展的活动,需要以人的幸福为其起点与最终归宿。苏霍姆林斯基曾说:"我们的教育信念应该是培养真正的人!让每一个从自己手中培养出来的人都能幸福地度过自己的一生。"每个人成长之后,都会不自觉地回头反思所受的教育是如何塑造自己的,老师是如何影响自己的。教师应该具有感知和创造幸福的能力,要教学生活得像个人,教师自己先要活得像个人。

一、读点闲书

　　教师应该"术业有专攻",有自己的教育理念,有精深的专业知识,有崇高的教育追求。除此之外,教师还应该抛却功利主义思想,以"无为而读"的方式读点闲书。工作闲暇,兴之所至,信手拈来,想看啥就看啥,看多少都没关系。不为功利,不求成正果,记得也好,忘却也罢,一切"皆自由而为"。这种读书方式,能使人在紧张的工作生活之余,找到一个心灵停泊的港湾,能使人浮躁的心渐渐"沉淀"下来,产生"采菊东篱下,悠然见南山"的宁静与喜悦,实在是一种身心保健。

　　同时,这种"自由自在"的读书方式,可以让人进入"此中有真意,欲辨已忘言"的状态,进而培养广泛阅读的兴趣。兴趣有了,就

成长之思

可以杂七杂八地读、不拘一格地看，经史子集、诗词歌赋、琴棋书画、法律商贸、经济时政、健康养生，甚至心灵鸡汤等，都可以成为自己的阅读内容。书读多了，就可以除鄙见、开茅塞、增学问、得新知、养性情、广见识，就可以采得百花酿成蜜，汇集百川成汪洋，变成为我所用的教育教学利器。课堂上，可以"上下五千年，纵横九万里"，天南地北，谈笑自若，胜似闲庭信步，不再害怕学生怪怪的提问，也不必为"照本宣科"的乏味单调而脸红。"博观约取""厚积薄发"，教师拥有的知识"杂"一点，才能满足教育教学的需求。

二、养点爱好

汪曾祺先生曾在文章中写道："一个人不能从早写到晚，那样就成了一架写作机器，总得岔乎岔乎，找点事情消遣消遣，通常说，得有点业余爱好。"汪曾祺博学多识，情趣广泛，爱好书画，乐谈医道，对戏剧与民间文艺也有深入钻研，还是个美食大家，被誉为"抒情的人道主义者，中国最后一个纯粹的文人，中国最后一个士大夫"。有趣的灵魂，不会一生只做一件事。每个人都有机会打开自己的"无边界人生"，激发无限的内在潜能，在自由之路上，遇见更完整的自己。善琴者通达从容，善棋者筹谋睿智，善书者至情至性，善画者至善至美，善诗者韵至心声，善酒者情逢知己，善花者品性怡然，善歌者使人继其声，善教者使人继其志……

李政道先生在上海交通大学演讲时，引用了杜甫的两句诗——"细推物理须行乐，何用浮名绊此身"，可谓妙语。一个物理学家，能巧妙地运用古诗表达自己的思想。这也让我们看到，教师大可多一点业余爱好，多一点与自己所从事的职业似乎无关的人文素养。我有一个同事，常拿自己草编的花鸟鱼虫，或者简笔画奖励学生；他还会制作古筝，弹古筝；后来又喜欢上书法和国画……孩子们一上他的课，眼都绿了。教师绝不可只在自己这门学科里打圈子，要有点爱好，有点才艺，有点才情，有点才气，这样的老师会像磁石一样，深深地吸引学生。同时，一个人沉浸在自己的爱好中，也是一种很好的休息。孙犁就把写作当作一种休息方式。他说，一个人在写作的时候是最充实的时候，也是最快乐的时候。

三、学会休闲

懂得休闲是一种人生智慧。在西方，休闲教育是一门人生必修课，早在一百年前它就被规定为基础教育阶段的一条重要原则，而且几乎是终生教育。休闲教育就是教人从小就学会合理、科学、有效地利用时间，学会欣赏生命和生活，学会选择和规避问题的方法，学会能促进身心健康的各种技能，促进人在"成为人"过程中获得自由而全面的发展，使整个人生充实、快乐且富有意义。尽管我们的教育还缺乏这一内容，但是我们的教师应该有自己八小时之外的精神生活，学会科学、合理、健康的休闲方式，平衡身心，滋润人生，提高自己生活的品位。这样的教师所教育出的学生才有思想，才有感知幸福的能力。

教师要树立"留一点时间给生活，留一点生活给自己"的观念，无论工作多么忙，都应该忙里偷闲，以欣然之态，做心爱之事。比如，听听音乐，看看电视，养几盆花，种几兜草，拉拉琴，练练字，看看书；利用节假日，爬爬山，照照相，尽情地徜徉在大自然的山山水水之间，感受"天地有长风，生命自浩荡"的洒脱……当然，还可以参加一些更积极、更有益的休闲活动。比如，参加志愿者、慈善捐助、保护环境、关爱动物等活动，把自我发展和承担社会责任联系在一起，营造温馨、友善、互助的社会氛围，促进社会和人际关系的和谐发展。

　　爱因斯坦说过，"人和人最大的差别在业余时间上"。西方思想家认为，开发休闲实际就是积累一个人、一个民族、一个国家的文化资本，就是对人的教育与教养的投资。这种资本的投资越早，回报率越高。休闲不是无所事事，而是更积极的人生态度，更高雅的生活品位。享受休闲生活也并不是富有者和成功者独享的权利，而是一种宽怀心理、达观意识的产物……教师应该在紧张的工作之余，学会享受悠闲的生活，克服职业倦怠，提高自己的精神境界，并以积极的人生态度和人生智慧，影响和引领学生学会创造幸福的人生。

　　耘田有闲时反思，推敲教艺偶栽花；岂止阳春欣白雪，教书育人乐更多。教师只有把自己的精神家园营造好，才能在教书育人的道路上越走越远。否则，一时的快乐迟早会消费干净。

做一名语言有特点的老师

语言是教师完成教学任务的主要媒介，是师生信息交流的主要手段和途径。苏联教育学家苏霍姆林斯基曾说："教师的语言修养在很大程度上决定着学生在课堂上脑力劳动的效率。我们深信，高度的语言修养是合理利用时间的重要保证。"教师作为"舌耕笔种"的职业，应该练就过硬的教学语言技能。

一、学点朗读演讲技巧，增强语言的感染力

作为教师，不仅要有新的思想和见解，还要在学生面前很好地表达出来，用自己的语言去感染人、说服人。因此，教师必须讲究口才的自我锻炼。第一，要学点朗读技巧，通过朗读训练，准确把握音量、语速、语调、节奏的变化，巧妙处理语音的轻重、语速的缓急、语调的抑扬、节奏的顿挫，从而产生更好的表达效果，以达到吸引学生、打动学生的目的。如果一个老师的教学语言四平八稳，必然会引起学生的听觉疲劳。第二，要学点演讲技巧，善于运用比喻、拟人的手法，使语言形象生动；善于运用排比、对仗的手法，使语言富有节奏，表达有力；善于运用设问、反问的手法，使语言语气跌宕变化，引人注意；善于运用反复、回环的手法，强化观点，加深学生印象；善于运用表情、手势等肢体动作，达到以姿势助说话的效果……

要根据教学内容与学情变化，运用不同的语言风格。有时可慷慨激昂，音调铿锵；有时可娓娓而谈，泉水叮咚；有时可循循善诱，破薪析理……大家都熟悉的演说家闻一多先生，曾经为了一次演说，第一天练习了八遍，晚上又出去练习了十二遍。到了第二天，果然演说有进步，他认为还应精益求精，第三天又练习了三遍。这样反复练习，才有了临场妙语连珠的效果。流利的语言是靠日积月累的练习磨出来的。优秀教师的课堂语言，即使关掉声音，也依然引人注目。

二、提高综合素质，增加语言的文化含量

整堂课翻来覆去就那几个词，说来说去就那几个句式，听者味同嚼蜡，这是教师教学语言的大忌。教者苦于找不到恰当的言辞表达内心想法，这种情况貌似是语言问题，实质是学识浅薄与文化贫乏的表现。古人云"言为心声"，"慧于心而秀于言"。教师出色的语言表达能力，需要渊博知识、智慧头脑做铺垫。只有当教师知识视野比教学内容宽泛到一定程度的时候，教师才能成为真正的教育能手。教师应注重拓展知识视野，完善知识结构，让自己赖以教育学生的"一桶水"变为"有源的活水"，有意识地"逼"自己最大限度地调动知识与智能储备，用真才实学、真知灼见去"征服"学生。

例如，指导学生在作文练习中要注重观察，如果三番五次总是说"要仔细观察，观察要仔细"，学生会产生厌倦感。倘若这次指导说："眼睛是通向心灵的窗户。扑入眼帘的东西要看仔细，脑子里转一转，刻下痕迹，切不可浮光掠影，视而不见。"下次说："要看仔细，识得事物独有的特征，要体察入微，辨毫析厘；要深入底里，识得神气。"再下次说："反复观察，巨细不漏，细微处尤其看真切；多角度观察，

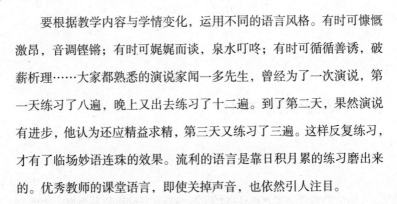

看出层次，看出多种形态；边观察、边联想，使静物'活化'。"然后又可说："画家、书法家董其昌曾说绘画、写字要'识得真，勘得破'，我们记人、写景、状物同样要练出好眼力，识得真，勘得破。"同一个问题在不同场合的表达不一样，学生就有新鲜感，易于接受。只有拥有广博的常识性知识、精深的专业知识、多方面的教育理论知识，才能言之有物、言之有理、言之有味，课堂才能充满生机和活力。

三、不断锤炼，强化语言的表达力

深入浅出，通俗易懂，是语言艺术的至高境界。教师只有将自己掌握的专业知识用浅显的语言表述得一清二楚，才能说明其真正具有深厚的专业功底。教师要善于化晦涩为通俗，化艰深为浅显，使课堂语言平实而接地气，学生才能闻之易懂，听之顺畅，知识在脑海中才会留下鲜活生动、深刻难忘的印象，才能收到预期的教学效果。这就需要教师加强语言锤炼，做到长话短说，短话趣说。譬如，小学低年级学生预习课文的方法，可总结出一段顺口溜："一画段儿，二画圈儿，三画需认字，四画疑难处，五画好词句。"高年级学生学习自读课文的方法可总结为："不动笔墨不读书，带着问题读深入。字词句段和标点，时间地点和人物，结构表达与情感，都要勾画和圈点。有读有悟有交流，读到文字的背后。"

教师要善于把大道理讲得简单明白，能够不显山不露水地走进学生心灵。譬如，指导学生加强练习，可以总结为："有学有习叫学习，光学不习假把式，有学有习真功夫。"强调老师的引导作用时，可以总结为："学生平凡与不凡，全靠老师去发现；学生做得好不好，老师身教很重要。"这样的语言看似平实，却别有韵味，易懂易记。同时，语言美离不开言辞的热情诚恳和富于激励性。譬如，"如果你想

腾飞，我就为你扎上一双翅膀；如你有一双翅膀，我就送你一阵东风；如果你不能腾飞，我就陪你步步前行，浏览别样的风景。"教学语言要尽量做到以下几点：内容翔实，不空洞；感情真挚，不做作；语意鲜明，不晦涩；用词新鲜，不干瘪。

四、汲取学科营养，增强语言的学科味道

一个优秀老师一站上讲台，其本身就应该是语文、数学、英语等，是学科的化身。这就要求教师积极学习，不断提升学科素养。要注意从优秀课例中揣摩课堂语言特点，从中汲取养分，提高学科语言能力。"胸中沟壑有无数传奇，眼角眉梢浸染唐诗宋词"，这是语文老师的特征；"人生苦短算法由人，运算之妙存乎一心"，这是数学老师的特征；"天下之大唯求人地和谐，放眼全球力当珍爱家园"，这是地理老师的特征；"历览古今中外事，以史为鉴省后人"，这是历史老师的特征……

每一个学科的老师，都应该练就属于本学科特征的语言素养。这样老师所教的课才能像磁石一样深深地吸引每一个学生。请看一位语文老师的表达："走进了语文，就走进了痛苦；离开了语文，就离开了幸福。'有苦有乐，有笑有泪，有花有果，有香有色。既有劳动，又有收获。'这是老舍养花的乐趣，也是语文教学的乐趣。我看语文多妩媚，谅语文看我应如是。最是多情能醉人，愿我们把和语文的爱情写成一部传奇。"冰冻三尺，非一日之寒。只要日积月累，就能不断充实语言仓库，使自己的教学语言如同汩汩泉水喷涌而出，最终实现课堂教学的高效率。

古人云："善歌者，使人继其声。善教者，使人继其志。其言也，约而达，微而臧，罕譬而喻，可谓继志矣。"教师要以"两年胳膊三年腿，十年练就一张嘴"的毅力，不断加强语言修炼，提升个人语言魅力。

做一名敬畏课堂的老师

窦桂梅老师说过，上好课是最大的师德。作为一名教师，每一天、每一堂课，每一个教学细节的处理，对学生，对自己，都是一次不可逆转、不能重新再来的演绎。唯有本着对课堂的敬畏，用心备好每堂课，上好每堂课，才能不让自己留下太多遗憾。

一、"教学无小事，课堂比天大"

教育是一个生命对另一个生命的影响。陶行知先生对教师职业的定义为"学高为师，身正为范"。北京大学中文系语言学教授李小凡先生，研究方向为汉语方言学。从 1983 年毕业留校开始，他每年暑假都要带领学生们到方言区进行一个月的方言调查，把课堂所学的理论知识消化于田野调查之中，这一走就走了近三十年。尽管他已是这一领域里全国数一数二的专家，但他在身患胃癌的情况下，仍然穷尽一切力量，致力于"研四方之言，究汉语之变"。尽管方言调查课是中文系本科生的一门特色选修课，他却说"教学无小事，课堂比天大"，坚持为本科生开设"汉语方言学"课。

雅斯贝尔斯说过，教育活动关注的是人的潜能如何最大限度地调动起来并加以实现；人的内部灵性与可能性如何充分生成。课堂是教育活动最集中、最重要的场所。教学任务主要通过课堂教学去完成，

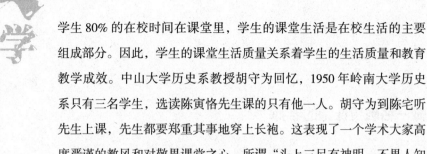

学生 80% 的在校时间在课堂里，学生的课堂生活是在校生活的主要组成部分。因此，学生的课堂生活质量关系着学生的生活质量和教育教学成效。中山大学历史系教授胡守为回忆，1950 年岭南大学历史系只有三名学生，选读陈寅恪先生课的只有他一人。胡守为到陈宅听先生上课，先生都要郑重其事地穿上长袍。这表现了一个学术大家高度严谨的教风和对敬畏课堂之心。所谓"头上三尺有神明，不畏人知畏己知""人可欺，天不可欺"。此天，不是上天，不是上帝，而是课堂，是学生。法官说，法比天大；医生说，命比天大；唱戏者说，戏比天大，舞台比天大；对教师而言，学生比天大，课堂比天大。

二、"备不好课，走进教室会出虚汗"

我曾在基层学校听过一节九年级数学课，执教者是一位中年男教师。课堂上，他一手拿着三角板，一手拿着粉笔，一边画，一边讲。学生们遇到疑惑时，他双眉紧蹙："唉——"；学生们回答正确时，他拳头一握："好——"；讲到兴起时，棉夹克都抡了下来……他的课条理清晰，重点突出，深入浅出，语言风趣，有讲有练，充分展现了数学思想与数学实践的完美融合。下课后，我问他怎么把课上得如此精彩。这位老师说了一句话："我如果备不好课，走进教室会有出虚汗的感觉。"这句肺腑之言，引起在场所有人的共鸣。倘若教师对自己的课没有精心准备，别说孩子们不接纳我们，连我们自己都会否定自己。

有位高中历史教师在执教《两极世界的形成》一课时，整堂课贯穿"以学定教，问题导学，合作探究"的原则，学生阅读文本，自主学习，小组合作探究，代表展示成果，教师点拨提升。整个课堂流程顺畅，师生活动自然，看不出任何做戏的成分。特别是教师的四个教学活动设计：一是探昔日盟友缘何变为对手，二是看今朝对手如何你争我斗，三是感国际关系怎样风云变幻，四是思世界大国如何和谐共处。课堂教学活动由浅入深、循序渐进，而且教学用语对仗工整。从中可以看出教师对教学的热爱，课前准备的精致，以及上好一节课的良苦用心。

三、"三尺讲台并不是那么好站的"

课堂上，几十双眼睛注视着我们，他们对老师的教学充满期待。如果我们不把课上好，简直是对生命的亵渎。上海市特级教师贾志敏先生教小学语文，一辈子以讲课为乐，以讲好课为追求。他曾教导年轻教师要铭记"一位称职的语文教师应该是半个作家、半个评论家、半个语言学家、半个导演、半个演员、半个书法家、半个播音员、半个剧作家……"课堂上，年逾七旬的贾志敏老师不仅以身示范，更对学生严格要求，一丝不苟。字要一笔一画地写，每个笔画都要规范；书要准确流利地读，每个读音都要准确……

且听他的课堂评价："你读得很正确，若声音再响一点点儿就更好了。""老师、同学又没追你，你干吗读得那么快？要注意呀！""读得真好听，老师要感谢你的爸爸妈妈给了你一副好嗓子，不过要是加上表情就更加能传情达意了，不信，你试一试！""读课文应大大方方，别缩头缩脑呀！""这个字念得不够好，跟老师再念一遍。"贾老师始终坚持课堂应该给孩子种下一种正念，播下一种良好学习习惯。因为教学的目的，不仅为了学生当下学习，还要为其终生学习；不仅为学生知识习得，还要为学生精神世界丰富；不仅为学生未来做准备，还要为今天获得最初的幸福人生。

课堂理应是老师誓死捍卫的阵地，是老师与学生的生命场。没有课堂上的"出生入死"，哪有灵魂的崇高和受人仰望？没有课堂上师生生命的共同流淌，哪有涓涓细流滋润学生健康成长？教师应该从敬畏课堂之心出发，向着追寻诗意的课堂而不断努力，在不同教学阶段实现教学艺术的升华。

做一名没有"主副"之分的老师

2011年10月24日，俄罗斯小学生到中国访问，北京地坛小学足球队与俄罗斯少年队打了一场足球友谊赛，结果地坛小学以0：15的成绩惨败。为挽回颜面，北京南湖东园小学越野队主动约战俄罗斯队。然而，东园队最终3：7负于俄罗斯队。

这一事件一时成为社会广泛关注和热议的话题。早在1993年，中国青少年研究中心副主任孙云晓的一篇文章《夏令营中的较量》引发社会思考；18年后，输掉的小学生足球赛再次提醒我们，18年前的问题仍未解决甚至更加严重。前国脚郝海东也忍不住发微博评论：输15球别怪孩子，教育让学生太娇气！现在的孩子除了胖子，就是眼镜。

学生出了问题，甚至社会出了问题，都去拿教育是问，难道都是教育的问题吗？当然不是，但是教育有没有问题？当然是有的。由此，我想到我们经常所说的"副科"。学校开设的科目里到底哪些是所谓的"副科"？在一般人眼里，所谓的"主科"就是语、数、英、理、化；所谓的"副科"，就是政、史、地、生；那么体、音、美呢？就更不值得一提了。我们自己把这些科目分成三六九等，把这些科目教学分成重要、次要和不要。教育倡导以人为本，全面发展，是所有学生所有方面健康协调发展，我们能有取舍吗？

北京两所小学足球队与俄罗斯小朋友比赛中，我们的孩子个头虽然高，但体能、体质差，跑20分钟就气喘吁吁，与生龙活虎的俄罗斯孩子形成鲜明对比。这并不是两所北京小学孩子们的特殊情况，而是一个具有普遍性的问题。根据最近一次全国青少年体质健康调查，过去10年间，我国青少年的肺活量、速度、力量等指标持续下降，肥胖率却增长1倍。据近年统计，在一些大城市，青少年肥胖率已经超过发达国家；眼睛近视比例更不容乐观，初中生接近60％，高中生达到76％，大学生甚至高达83％。长此下去，我们输掉的不仅是足球，更是未来。面对这一严峻问题，教育工作者难道不应从教育理念、教育方式方面进行反思吗？

著名体育教育家马约翰曾说："体育是培养健全人格的最好工具。"体育锻炼不仅使人体格强壮健康，更是锻炼意志力、树立规则意识、培养团队精神的绝佳方式。体育教育对于青少年的重要性，丝毫不亚于书本知识。华东师范大学一位美术教授，在谈到如今孩子的审美观、价值观和美育教育缺失时，痛哭失声地发出"救救孩子"的呼声，并且双手抱拳对听课的中小学校长说："真诚地拜托各位了！"

有人说过，一个现代家庭可以不富有，但必须有名画、名曲、名字、名书，这些对人的教化作用是非常巨大的。那么，以政治、历史、地理、生物、哲学、文学、法学等为主要内容的知识体系，更是一个现代人必不可少的人文素养。譬如，你要去昆明旅游，你知道昆明有怎样的气候特点和风土人情吗？你知道昆明有哪些自然景观和人文景观吗？你知道自己应备什么样的行李和注意哪些事项吗？

有人说，社会在"持续"，生活在"继续"，在这个过程中，"如

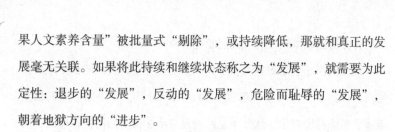

果人文素养含量"被批量式"剔除"，或持续降低，那就和真正的发展毫无关联。如果将此持续和继续状态称之为"发展"，就需要为此定性：退步的"发展"，反动的"发展"，危险而耻辱的"发展"，朝着地狱方向的"进步"。

老师眼里不能有"差生"，老师眼里也不能有"副科"。我们不能改变大气候，但可以营造小环境；我们是最基层的教育工作者，却担负着为祖国未来奠基的重任；我们不能坐视不理，也不能坐而论道，我们要真正转变观念，本着对孩子负责、对祖国未来负责的态度，把每一门学科都当作点亮学生心智的明灯，依托自己专业特长，开展专项教学、专业教学、个性教学，打造特色课堂，培养身心健康、情趣高雅、学有所长的新时代人才！

也许我们的条件还有限，也许我们还摆脱不了考试评价制度的束缚，但是只要我们以忧国忧民之心去对待教育，对待每一个学生，就会逐步改变频频呼唤"救救孩子"的现状。

用好"表扬"这一成就学生的法宝

美国著名心理学家威廉·詹姆斯研究发现："人类本性中最深刻的渴求就是受到赞美。"学生成长过程中，最需要的是掌声和大拇指。教师的表扬夸奖是学生成功的催化剂，是最有效、最轻松的教育秘诀。掌握好"表扬"这一法宝，就抓住了孩子成功的关键。

一、放低心态看学生

每一个孩子都有其特点、特长和闪光点。为什么在个别老师眼里，有些孩子一无是处、不可救药呢？这是心态问题，我们不能用成人眼光看学生，也不能以品学兼优的学生去类比其他学生，更不能用一成不变的眼光看待所有学生。美国心理学家加德纳提出的"多元智能理论"，认为每个孩子都不同程度地拥有八种智能，每个孩子的优势智能是不同的，也就是说每个孩子学习方式的差异是由其优势智能决定的。热爱每一个孩子，蹲下来与孩子对话，用欣赏的眼光看待孩子，你就会发现他的独到之处。也许他貌不惊人，但他心地善良；也许他不聪明，但他做事认真执着；也许他不爱学习，但他乐于助人；也许他成绩一塌糊涂，但他字写得漂亮、歌唱得好、篮球打得绝；也许他打架骂人、时常违纪，但他讲义气、有血性……放低心态，改变眼光，

人性的美好就会被发现——每个孩子都有两下子。

二、细微之处夸学生

学生成长是个缓慢的过程，其闪光点往往在不易让人觉察的细微之处。教师要有敏锐的洞察力，善于从各种角度看问题，从细微处看到学生的点滴进步，及时准确地给予表扬。那种泛泛的表扬，学生并不领情，教师要及时夸、具体夸。譬如，在一节小学三年级语文课中，老师提问学生为"惠"组词，有学生回答"实惠""优惠"，一个女生的回答是"恩惠""贤惠"。请看老师是如何夸赞这些学生的："'实惠''优惠'是用来形容事的，它常常发生在生活中，说明你很留心生活，语文学习要做到处处留心皆学问；'恩惠''贤惠'是用来形容人的，能回答出这些词已经超出老师想象，不简单！说明你的阅读面比较宽，词汇很丰富，而且有一颗善良的心。"高明的教师不仅会捕捉学生外在的显性优点，更能发现学生内在的隐性优点，并给予及时有效放大。学生的"闪光点"，经由老师表扬，学生会有一种被肯定、被发现的喜悦，这种心理上的满足将转化为进步的动力，成为其"成长点"。

三、多夸努力的过程

努力比结果更重要，因为任何成功都是不断努力的结果。教师要有意识地表扬学生在求知过程中的努力成分，这样会使学生更加关注努力对于成败的影响，有利于培养学生积极的生活态度和健康心理。毕竟，不是所有学生在所有方面都能做到最好。譬如，老师这样说："某某同学课堂上专心投入，背起书来摇头晃脑，恨不得把每一个字都吞进肚里，刻在心里。这种学习状态如果能长期保持下来，想不取得好成绩都难呀！"再如，有些学生写作业拖沓，家长和教师都很闹心。可是一味地催促、责备，往往适得其反。这时，不妨多留心学生专心写作业的用时长短，对其变化及时表扬，不断强化学生专心写作业的习惯，提高写作业效率。任何良好行为习惯的养成都是日积月累的结果，教师要细心发现、耐心呵护学生的成长美。

四、融入真实的感情

表扬是对人发自内心的欣赏、赞扬。然而，一些老师动辄就伸大拇指，动辄就是"你真棒"，这样随意甚至应付性的"表扬"，起不到鼓舞人心的作用。老师对学生的表扬一定要融入感情，以激情点燃激情，以心灵唤醒心灵，让学生切实感受到表扬的珍贵和价值。譬如，老师这样的评价："你理解透彻，语言精当，表达流畅，且自信满满，我真的非常欣赏你！""你的发言触动了我的思维！那一刻，老师有一种'听君一席话，胜读十年书'的感觉……""有道是，师不必胜于弟子，弟子不必不如师。在这方面，你确实比老师懂的还要多！""你的朗读，那声音、那情感、那姿势，太'伤害'人了！"大量实践证明，老师发自内心地对学生加以赏识与鼓励，不仅有利于提高学生的学习兴趣，而且能培养学生学会欣赏他人、积极向上的品格。

五、创新表扬的方式

表扬方式可以是语言，也可以是神态、动作。鼓励的眼神，欣赏的微笑，自主的鼓掌，甚至拍拍学生肩膀等，都能使学生对教师的肯定和褒扬心领神会，回味无穷。表扬还可以是书面的。批改作业、批阅试卷时，随手写上一段表扬的话，也会让孩子心动不已，而且这种表扬具有稳定性和持久性，孩子早晚看到都会引起内心触动。表扬还可以是物质的。譬如，奖励孩子一张自制的剪报、自折的纸飞机、自编的小动物、自制的小卡片、精选的一粒种子等。表扬还可以是展示性的。把孩子的作文当作范文宣读，把他的作业、作品悬挂出来，把他的优秀事迹刊登在校报、学校微信平台上等。还可以通过发短信、打电话向家长交流孩子的进步，这样做有时比直接表扬效果会更好。

　　"好孩子是夸出来的。"让我们牢记陶行知先生四颗糖的故事，学会"打着灯笼找孩子的优点"，通过有情有味的表扬，让学生坚定信心，点燃希望，产生积极向上的动力，让"问题孩子"变优秀，让优秀孩子更卓越。

拿捏好批评教育的分寸

都说现在的学生难管,管轻了不顶用,管重了也许会"引火烧身"。教师在学生错误面前缩手缩脚,不知所措。其实,任何一个学生都渴望更好地成长,任何一个家长都不愿老师对自己孩子的错误听之任之。关键是教师对学生的批评要入情入理,拿捏好分寸,让批评成为对学生的警醒和激励,而不是秒杀孩子自尊自信的利器。

一、就事论事,化危为机

我们不否认老师批评学生的出发点都是好的。但是,为什么有些老师批评了学生,却达不到教育挽救学生的目的,而是给自己树立一个对立面呢?这是因为有些老师批评学生时不是"打盆说盆,打罐说罐",而是因学生犯下一个"错误"行为,就新账旧账一齐算,把学生批得一无是处,让学生产生逆反心理。我女儿小时候,曾经用水笔把新床单画得一塌糊涂,爱人见了怒不可遏:"净搞破坏!前几天把墙壁画得乱七八糟,今天又……"我立马叫停她的做法。先是肯定女儿的"杰作"构思巧妙、绘画逼真,然后问她为什么要在床单上画。女儿说别处没有这么大的地方,我就帮她找来一沓 A3 纸,告诉她今后想画只能往纸上画,不能再往床单或其他地方画,否则妈妈打理起来很费事。从此女儿再没有出现过乱涂乱画的现象。再如,学生打架或上课睡觉等,老师绝不能一下子就定性为不懂团结、不爱听讲,而要冷静了解原因,分析危害,指明做法。

二、直击心灵，不伤人心

批评须直击心灵，然而有些老师"爱之深，恨之切"，说过头话，办过头事，有伤学生尊严。曾经看过一篇文章《尊严可以再捡起来吗？》，写的是一个学生上课看课外书，教师当场把书撕成碎片。事后教师找学生道歉，学生非但不接受，还反问道："一个人的尊严失去了，可以再捡起来吗？你一句道歉就可以弥补对我的伤害吗？你根本就不配当我的老师！"这件事告诉我们，教师在批评学生时要注意分寸，话可以不多，但不可冰冷；人可以严管，但不可伤害；惩可以严厉，但不可刻薄。如果态度生硬，伤及学生人格和自尊，批评教育的效果将会适得其反，所谓"士可杀而不可辱"就是这个道理。

三、针对少数，以儆效尤

批评既是对受批评者的教育，也是用来警醒其他人的。批评的面不能过大，过大了就起不到应有效果。譬如，有些老师让不专心听讲或不能按时完成作业的学生站在讲台上，结果一站就是七八个，学生非但不感到是惩罚和羞耻，反而无意间结成"统一战线"，誓与老师对抗到底。二十年前我任班主任，一次晚上查寝室时，发现班上有十几个学生不在宿舍，原来他们被班长领着去校外的小河里洗澡了。我一怒之下，把他们全吼一顿，罚他们站到夜里十二点。当时，班长就提出："要罚就罚我一人，是我领他们去的。天太热，在宿舍睡不着……只是没向您请假。"有时，学生的错误行为有种从众心理，要抓住矛盾的主要人物，使批评具有针对性，避免批评泛滥化。

四、坦诚相待，做好善后

老师面对学生的错误行为，难免有情绪急躁、感情用事的现象，甚至出现暴风骤雨式的简单化处理。这样的批评看似收到立竿见影的效果，但往往由于急于求成出现"冤假错案"，或因言语不当给学生带来伤害等。教师要从实际出发，放下架子，该纠正就纠正，该道歉就道歉，这并不影响老师的形象。譬如，有个学生家庭条件较差，却又不好好学习，还染上抽烟的毛病，班主任把他叫到办公室好一顿数落，还骂他是个不争气的家伙。得知这一情况，我就劝这个班主任要深入了解学生，慢慢地做思想工作，言外之意是劝他给学生道个歉，毕竟骂学生"不争气的家伙"是不对的。但是这位年轻班主任不服气，我只好以受班主任委托的名义，悄悄把这个学生带到操场上，与他边走边谈，谈做人的责任担当，谈老师对他的殷切希望。最后，这个学生如实道出，若不是我的一番沟通，让他尽释前嫌，这个老师要面临吃"黑砖头"的后果。

五、把握时机，因势利导

学生犯错误，上帝都会原谅。老师批评学生要把握三个原则，即首犯要讲理，重犯要约定，再犯要惩罚。当教师给学生留出改过机会，学生仍然犯错时，教师的批评教育就会更加入脑入心。批评教育还要善于把握时机，给予巧妙的点拨指引。比如，当平时调皮的学生在运动会、艺术节比赛上取得好成绩的时候，老师可以先表扬后提醒："你要是纪律上注意一点，学习上再努力点，那就再好不过了！"又如，老师在批改考卷或作业时，可以把平时违纪的学生找来，一边批改一边点拨："你看，这类题老师在课堂上已经讲过，你当时不认真听讲，这不出问题了！"此时，老师的提醒和鼓励，可能会成为学生改正错误的强大动力。批评学生还应注意场合，把学生叫到一个相对隐蔽的地方，营造一种真诚沟通的气氛，学生更易于接受老师的批评教育。俗话说："颂善于公堂，规过于密室。"

玉不琢不成器。教育不能缺失批评，但要讲究批评艺术，做到以理服人，以情感人，以心育人，既让学生乐意接受，又能收到事半功倍的效果；切不可一着不慎，口无遮拦，使批评成为秒杀学生自尊自信的利器。

青年教师要过好入职"三关"

近年来,教师招录力度不断加大,中小学师资力量不足的问题得到有效缓解。但是,招录教师的工作现状如何呢?绝大部分教师还是令人满意的,但也有部分教师不能安心教学工作,不能快速适应教学岗位,甚至出现辞职、离职的现象,这在一定程度上影响了教育队伍的稳定。客观上讲,是因为农村中小学校地理位置偏僻,交通不便,工作生活条件相对落后。更重要的是主观原因,这些刚出校门的青年人缺乏对教师的职业认同和职业取向,缺乏对教师成长的目标规划和方法选择,内生动力不足。因此,加强青年教师的思想引领和专业成长,就显得至关重要。

一、过好职业价值关

大而言之,十年树木,百年树人。百年大计,教育为本;教育大计,教师为本。教育是民族复兴、国家强盛的基础工程。孟子曰:"君子有三乐,而王天下不与存焉。父母俱存,兄弟无故,一乐也。仰不愧于天,俯不怍于人,二乐也。得天下英才而教育之,三乐也。"培养出值得社会赞誉的学生,是教师生命的无形延伸,更是教师最大的成功和快乐。

中而言之,教师工作好不好,二十年后见分晓。马云在首届新乡

我的语文教学之悟

村校长论坛上说道："一个校长如果做得好，二十年内至少会影响两百个老师，一个老师一辈子至少影响两百个学生。"二十年，学生事业有成，老师桃李天下，那是多大的财富呀。青年教师要善于在职业成长中发现工作的乐趣，在培养学生成人成才中体验自身的人生价值。

小而言之，教师的工作对象是人，人是有感情的，你对他笑，他就对你笑；你对他好，他就念念不忘；你成就了他，他就要回报你和社会。有些职业是流水线式的，一辈子重复着一个动作，而教育天天、时时都是新的，都需要创造性地完成。再者，教育很单纯。教师只要把工作干好，就会赢得学生仰慕，家长尊重，同事喜欢，领导高看。当教师，圈子虽小是非少，讲台不大舞台大，桃李天下君亦可，教学相长自有乐。

二、过好职业信念关

天地生人，一人应有一人之业；人生在世，一日当尽一日之责。自己选择的路，跪着也要走完！做人，就要做个能感动的人。要么感动得自己流泪，要么感动得别人流泪。青年教师，若不是爱一行干一行，就要做到干一行爱一行。既然选择了教育，就要坚定职业信念，勇于直面一切困难和问题，无论是本领危机还是生存危机。窦桂梅老师为小学语文教育事业无私奉献的事迹告诉我们，信念是一个人的立身之本，只有信念才能使人快乐真实，做自己想做的事。前几年，郑州一位女教师以一封"世界那么大，我想去看看"的辞职信，引发热评。仔细想想，外面的世界很大，校园的世界就很小吗？心在哪里，舞台就在哪里；舞台在哪里，成就就在哪里。

人要知进退，有格局。改变能改变的，接受不能改变的。有机会、有能力时，做大事；没机会、没能力时，做小事，做力所能及的事。

青年教师要珍惜眼下的岗位，对当下工作报以感恩之心。如果没有国家对教育的投入，哪来教师岗位的大量招录？如果没有用人政策的公平公正，哪来以实力比拼最终进入教师队伍？同时，作为一个社会人还要懂得：有一份事业，才有一份尊重；有一分成功，才有一分身价。尤其是青年教师，不管男生女生，无论你我他，只有自己足够优秀，才有底气和福气去般配其他优秀。既然选择了教育，就没有理由不努力干好。

三、过好专业成长关

一个人不怕路走得远，走得累，就怕没有方向。马斯洛需要层次理论指出，人最高级的需要是自我实现的需要。要引领教师自踏进教育工作大门的那天起，就要有明确的奋斗目标和成长规划，做到一年有适应力，三年有爆发力，四年有冲击力，六年有创造力……方向比努力重要，目标比勤奋有效。年轻教师，如果三到五年还不能进入专业发展轨道，就很难在教育教学方面有所造就。然而遗憾的是，很多老师随波逐流、随遇而安，缺乏对自己明晰的职业规划，专业成长的速度和质量自然会打折扣。结合教师的工作性质，我认为青年教师的职业成长离不开三大步——适应、成长、成熟。

一年适应期：会备课，会上课，会管学生，会带班级，成绩要好看，做人不任性，大家都认可。

三年成长期：备课肯钻研，上课有特点，管理有方法，带班有经验，成绩居于前，做人通达温暖，大家都喜欢。

五年成熟期：备课有积淀，上课有风格，管理靠魅力，带班有文化，成绩是副产品，与人为善、内心幸福，大家都仰慕。

三尺讲台要先站得住、站得稳，才能站得高。但是，天道酬勤，一切法得皆成于忍。这里的"忍"即不断地努力、修学和精进。中国政法大学丛日云教授说过："即使是一片树叶，你是否有过挣扎？是向哪个方向挣扎？"教师应该把每一天的工作都当作第一天参加工作那样对待。就像第一次见到孩子，第一次走上讲台，第一次批改作业那样，保持每天的新鲜感、激情和认真态度，那么每一天都会感到很幸福、很快乐。教师只要全身心地投入工作，就能逐步与学生建立鱼水相融的关系，从而走向驾轻就熟的职业境界。

　　尽管教师的工作主要表现在备课上课、管理学生、带好班级，但是作为青年教师，从过去单纯的"学生"身份，到如今的"教师"身份、"成人"身份，还要学会与人相处，不断提升做人的境界，使自己与新的环境之间形成一种和谐温暖的氛围，这样才能更加自然、平和舒畅地投入工作与生活。

　　现在的学校在学生生涯规划教育方面有所缺失，很多学生在高考填报志愿时，以高考分数选报学校、专业；在面临职业选择时，又以追求能够就业为前提，忽视职业兴趣与个人性格特点的匹配。尤其是近年来招录的农村中小学教师，大多迫于就业和年龄压力，糊里糊涂当了教师，懵懵懂懂开启了教书育人的生涯。无论是教育部门还是学校，都要加强对青年教师的职业教育和引领，使广大青年教师珍惜当下，尽快成为学校的中坚力量。

提升课堂教学技能三部曲

　　课堂教学是一项技能，更是一种艺术。由课堂教学技能到课堂教学艺术的升华，是一个教师工匠精神的具体体现。青年教师一定要把课堂作为人生修炼的道场，用勤学苦练和智慧创新来提升课堂教学技能，赢得学生的尊重、信赖和向往。

　　一、好课非偶然，写好详案是关键

　　写好教案是上好课的前提。教案有详案和简案之分。有些青年教师课堂教学技能不高，一个关键的因素是教案过于简单。一节课的教案只写一两页，说白了只是课堂教学流程的复述。这种只见骨架不见血肉的教案，根本起不到应有的教学准备作用。青年教师必须写详案，写简案等于糟蹋教案。那么详案包括哪些内容呢？

　　一是教材分析：《课程标准》对本课教学内容的要求，本课内容在教材学习中的地位和作用等。

　　二是学情分析：学生已有的认知水平和能力基础，学生学习本课可能遇到的困难和问题，学生在学习过程中可能采取的学习策略。

　　三是学习目标：用具体、明确、可操作的行为语言，描述本课的知识、技能、能力、方法、情感、态度、价值观等方面的教学目标和重难点。

四是教学策略与手段：本课教学中所运用的教学模式、教学策略和教学手段。

五是课前准备：学生的学习准备，教师的教学准备，教学环境的设计与布置，教学用具的设计和准备，等等。

六是教学过程：复习提问、课堂导引、新课探究、巩固练习、课堂小结、布置作业等，这是教学设计的主体部分。要分环节具体说明教师的指导活动、学生学习活动及师生交互活动。每一个环节都要写清楚教师的设计意图、学生可能出现的状况以及教师的应对方法，这是教学设计与以往教案的明显区别。

七是知识结构或板书设计。

八是课后反思：反思目标达成情况，教与学的方法是否得当等。对教学中暴露出来的问题进行"回头看"，如有必要则及时改进回授，进行纠错"补救"，同时为下一轮备课及教学提供宝贵的经验借鉴。

详案等于课堂实录，教师的每一句话怎么说，每一个问题的提出与答案的预设，每一个教学环节用时几分钟，等等，都要写在教案上。青年教师只有写出这样详细的教案，才能充分地有备而来、依案而行，圆满完成自己的教学意图。

在此，我特别强调一下板书设计。板书是课堂的眼睛和灵魂。现在好多老师上课随意性大，备课时不研究板书，上课时想到哪儿写到哪儿。而实际上，板书可以是这节课的知识结构，也可以是这节课的重点难点，需要老师精心提炼，反复琢磨推敲，如此才能让板书成为学生"写在板上，刻在心中"的美好记忆。

二、坚持多听课，学会听门道

听课是青年教师提升课堂教学技能的一种有效途径，但是调研中

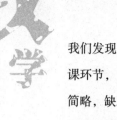

我们发现，很多青年教师在听课、评课时存在一些误区。例如，在听课环节，只记教学过程，忽视教师教和学生学的课堂活动；或者记录简略，缺乏对自身教学的反思和启迪；或者只凭感觉，忽视重点难点的突破与学生达成效果。在评课环节，或者停留于感性认识，缺乏一定的理论层次；或者泛泛而谈，缺乏对课堂教学亮点的提炼；或者就事论事，没有可供借鉴的建议，等等。那么，如何才能听出门道，听出借鉴呢？

第一，要做好听课前的准备工作。要熟悉教材，了解这节课设置的意图，明确这节课的学习目标和教学的重难点，在心里勾勒出自己对这节课大体的教学框架，为评课提供参照体系，标明自己的教学困惑和问题，增强听课的目的性和针对性。

第二，听课时做到四个关注。一是关注基于教材和学情下，教学目标的设定是否具体明确合理，即教什么；二是关注基于目标达成和重难点突破的教学方法和策略，即教师怎么教；三是关注学习是怎样发生在学生身上的，即学生怎么学；四是关注学生的学得和习得的效果，即目标的达成度。一节课上得好的课，应该能看出学生是怎样从不懂到懂，从不会到会，从不熟练到比较熟练的过程。老师的功夫就在学生答错时能加以引导，答得不完整时能加以启发。

第三，一节课可以学习借鉴的地方很多，只有抓住主要矛盾，才能促进听课者快速成长。当然，听课者还可以结合自己教学的薄弱环节，有目的地借鉴别人的优点和特长。譬如，教学情境的创设、过渡的语言、引导的技巧、激励的方法和组织活动的方式等。听别人的课，就是发现自己，找到自己的过程。青年教师要坚持多听课，在听课中体悟教学规律、教学方法，从而为我所用，形成自己的教学风格。

三、多讲公开课，不厌百回磨

上公开课是提高课堂教学技能和艺术的最快速有效的途径。公开课——观摩课——优质课——示范课，是一位老师从平凡走向优秀的轨迹。青年教师要积极踊跃地参加各种形式的公开课，力争做到备得充分，上得精彩。

每次上公开课前，都要反复试讲，及时修改。无论课前把教案准备得多么详尽周到，都不如进课堂给学生们试讲一次所获得的经验来得直接和丰富，且更有针对性。试讲不一定要有指导老师听，只要自己在学生面前讲一遍，这节课是成功还是失败，看学生的反映和自己的情绪就知道个百分之八十。若有指导老师听课，每次试讲完后，都要虚心听取听课老师的意见、建议，然后慢慢琢磨，能吸收的吸收，能改进的地方改进。

要对课堂教学的每一个环节都精雕细琢，对课堂用语的每一句话都反复琢磨，甚至一个眼神、一个手势要做到恰如其分，力求将试讲中存在的问题一一改掉，把一节课打造得更加完美。一节公开课准备到不用看教案，心中只有一个框架就可以进课堂，这就离成功不远了。这样做并不是把课堂表演给学生看，而是通过这种反复磨砺，使教师的综合素质、教学技能得到更高层次的提升。

上一节公开课对课堂教学技能的提高，远大于上一学期的常态课。同时，一节自己满意的课，学生受益，教师幸福。这种心理愉悦，是任何物质享受所取代不了的。一位老师没有几节自己满意的、能拿出手的公开课，是当教师的失败。青年教师要力争在三年内上 20 节以上的公开课，在成长的每个阶段都要留下自己的代表作。

老师多走下去，学生多走上来

长期以来，讲台似乎是老师的舞台，课堂教学呈现"我讲解你接受，我板书你记录，我表演你欣赏"的模式。新课程标准实施后，课堂教学要求突出学生的主体性和教师的主导性。往日那些"占领讲台不下场，情有独钟'一言堂'"的老师，不得不努力使自己多走下讲台，让学生更多地走上讲台。教学形式的改变，使课堂上呈现出另外一种教学风景，收到与以往不同的教育教学效果。

一、老师走下去，问题变少了，课堂和谐了

以往老师习惯于在讲台上边讲边写，你讲你的，他听他的，师生两张皮。于是，那些自制力差的和老师难以顾及的学生，便有了说闲话、搞小动作、思想开小差的机会。然而，当老师走下讲台之后，这些平日里爱违纪的学生会自觉地加以收敛，有意识地投入学习，融入课堂上的师生互动中。同时，老师与学生近距离接触，也更容易组织教学。面对那些不在学习状态的学生，老师一个会意的眼神，一个会心的微笑，一个不经意的手势，都可能使学生"迷途知返"，被有效地"激活""点燃"。

老师走下讲台的好处，不仅是课堂违纪现象变少了，更重要的是老师置身于学生中间，可以从学生的读书、作业、解答等学习行为中，发现隐藏于学困生背后的原因。他们有些是存在知识上的断层，有些

是学习方法上有问题，有些是性格上有缺陷，等等。对于这些问题，老师们可以通过及时的交流、指导、点拨来解决，还可以在今后的教学中采取针对性的措施加以解决。如果老师始终高高在上，这些问题就会被继续掩饰下去，最终导致学困生越来越差。教育家苏霍姆林斯基说：在教学中我们的教师不仅应该走下讲台走近学生，而且更应该敞开心扉与学生倾心交流，聆听他们的心声，感受他们的喜怒哀乐，及时回应孩子"心灵的呼唤"。教育教学不是狂风暴雨的洗礼，而是在一个个微观教育契机的把握中，润物细无声地完成和实现。

老师走下讲台，还体现了对学生的尊重，彰显了师生平等的教学观。老师与学生近距离接触，可以减少师生心理隔阂，缓解学生心理负担，创造轻松愉快的学习环境，进一步调动学生的学习积极性；便于师生平等地对话和互动，使学生能畅所欲言、各抒己见，充满自信并敢于否定权威。同时，师生面对面交流的机会增加，学生注意力也会明显集中，参与课堂活动的意识随之增强，学习的兴趣、情感、意志均容易被激发，教学效果必然会得到提高。

二、学生走上来，学习主动了，效率更高了

让学生多走上讲台，体现了学生是学习和课堂的主人，彰显了以生为本的学生观、教学观。真正的学习必须发生在学生身上，最好的学习就是让学生讲，让学生独讲、互讲、站在讲台上讲。把学生推向讲台，就是让学生由被动的学习者、接受者，转变为主动的参与者、体验者、创造者、表达者。譬如，让学生朗读课文，学生自读与站起来范读、站在讲台上展读，效果是截然不同的。因为人都有展示自己，渴求被认可的心理。此时，学生不仅要很好地把握朗读技巧，还会注意自己朗读时的仪态、上下台的礼仪等，以期达到最佳的朗读效果和完美的表现。学生在不断走上讲台的历练中，毫无斧凿痕迹地成长着、成长了。同时，下面的学生作为受众，由于讲课者的更换，其注意力

也会更加集中。因为不是所有的学生都很关注老师的讲，但都会关注同学的讲。

　　当然，并不是所有学生走上讲台，都能做到"精彩绽放"。此时，只要老师巧妙地加以引导和鼓励，学生就会积极地做出"应急反应"。一次，我让学生轮流登台演讲，个别学生的表现却像念课文一样。但是有个学生上台后，不仅感情饱满、落落大方，而且上下场均不忘鞠躬致谢。迎接他的自然是学生们发自内心的掌声。你有礼，我有情；你有情，我有意。抓住这一契机，我对该生的演讲技能和君子风范给予表扬，接下来的学生便有了明显进步。教学不是简单的传授知识、历练技能，更是潜移默化地影响人、转化人，使其朝着美好的一面不断地自我完善。让学生登上讲台，其实是有意为学生创造锻炼自我、增强自信、体验成功的机会。当一个人体会到自身价值时，其学习潜能和活力会加倍地释放。

　　我们强调让学生走上讲台，并非要让每个学生都变成讲台上的表演者，而是把学生推到课堂的中央，在其内心种下一颗自主学习的种子，进而培养学生自主学习的习惯、积极展示的习惯、互助合作的习惯、点评评价的习惯、积累巩固的习惯和质疑解疑的习惯等。作为老师要学会主动地隐退到幕后，在课堂评价上下功夫，通过及时的鼓舞、激励、点拨，让学生们在"安全"的课堂氛围中主动学习，乐于交流，积极展示。课堂教学的根本，是为学生营造充分张扬生命的"场"。这个所谓的"场"，要求老师多走下讲台，与学生亲密相融，形成师生生命的和谐流淌；鼓励学生多走上讲台，尽情地表达、展示、交流，在思想碰撞和生命怒放中，自信而有尊严地学习和成长。

　　老师走下讲台，学生走上讲台，把课堂还给学生，让学习发生在学生身上，达到师生思想互动，心灵共振，生命流淌。这不仅是教学观念的更新，教师角色的转换，更是课堂生态的再造。

善于把教学问题变成研究课题

　　长期以来，我们有的老师的课题研究是基于怎样的情况去做呢？课题立项通知下来了，赶紧想申报个什么课题，然而时间又那么紧，于是肚里没有网上搜，但是搜来搜去都是别人的，过不了评审部门查新这一关。为了避免雷同，逃过评审专家的火眼金睛，十八般武艺都拿出来了。东一榔头，西一棒槌，张三的帽子，李四的鞋子，通过复制、粘贴，硬是拼凑在一起，其结果必然是个怪胎。这样的课题，根本难以通过立项。那么，如何做好课题立项的准备工作呢？

一、做真实有用的课题研究

　　课题研究成了一线教师最关心的热门话题。为什么热？你懂的。但是，课题研究也是大家最感头痛的问题。一来课题难产生，二来研究难完成。其实这些还都不算难，最难的是，有的老师根本不想去研究，可是不弄出个课题，不出点所谓的成果，不拿到一个县市级或者省级的课题鉴定，不占住前三名，又无法晋升职称。其实，世上好多事，难就难在不想做还得做，要是自己想做，再难的事都不难。

　　老师们做课题研究，要本着真实有用的目的去做，让课题研究从纯粹的功利、单一的应付，变为既应付又应用、既功利又实惠的教学研究手段。这样，才能快乐做研究，顺利通过课题鉴定，幸福使用课

题研究成果。有用，就有动力，就发挥才智，就产出成果。上级教育主管部门之所以把课题研究作为教师职称评审的一项基本要件，是因为课题研究是考量教师在教育教学中发现问题、研究问题、解决问题的能力。能力的事情，平时不做好准备，单靠临时抱佛脚是根本不起效的。

二、在教学中发现问题

第一，从学科教学中找问题。每一门学科都有其学科特点、学科性质、学科学习的规律。譬如，数学是一门讲究缜密思维、严密推理、精准计算的学科，是一门解决生活中实际问题的学科，是一门练就智慧的学科。学生的数学兴趣如何激发？数学思维如何养成？数学习惯如何培养？数学教师从这里出发，拎出一个问题来，就是课题。再如，语文是一门理解和应用语言与文字的学科。我们的一切教学行为都要拿这个课程标准来检验，仔细审视自己的教学有没有问题。可惜一些老师很少认真学习课标，更没有深入研究课标，这种盲人骑瞎马的教学是很难发现问题的。为什么有些老师上的语文课没有语文味？就是因为其偏离了语言文字的学习和应用，缺失了学生对文本语言的赏析、内化、吸收、积累和运用。从这里找到一个突破口，就是我们的研究课题。再往最小处说，初中语文教材里选了不少鲁迅先生的作品，这些作品的语言有什么特点，在什么地方点出文眼，标点符号的使用有什么独到之处，对比手法是如何运用的，等等，这些问题都值得拿来作为课题进行深度研究。做课题研究一定要有课程意识和问题意识。

第二，从学生中找问题。为什么有些老师的教学成绩上不去，有些老师的课堂很生涩？学情没吃透是原因之一。学情的问题很复杂。我们接手的学生有城市的或农村的，学生的学科基础如何，学生学习习惯如何，家庭教育情况怎样，等等。只有把大方面的学情吃透了，才可以整体把握，对自己的教学做到有的放矢。譬如，农村学生朗读与表达能力有欠缺，这就是个很现实的问题，也是个很有意义的课题。如何培养学生朗读与表达能力，让他们能说会道，这是语文教学的重要意义之一。又如，从学生的具体学情出发，每个学生的性格特点如何，哪些学生的阅读习惯好，哪些学生的朗读水平高，哪些学生的写作能力强，哪些学生的口头表达能力强，教师要善于从个性的问题中发现普遍的问题，从而找到解决问题的方法。再如，作为班主任，针对学生个人意识太强的问题，如何培养团队意识；同学之间发生矛盾纠纷，结果家长们拼上了，一件小事酿成了大事，这样的问题如何化解，都是很有意义的课题。

第三，从课堂中找问题。课堂是教师教学行为的主要阵地，课堂是课题的主要来源。在课堂教学过程中，我们会发现各种各样的问题。譬如，学生不会自学，小组建设效率低下，学生作文假话连篇，试题解答走偏，等等，这些都是从学生方面发现的问题。从老师角度出发，生本意识的确立，课堂导语和练习的设计，教学目标的选择和重点难点的突破，长文短教的把握，等等，课堂教学中的问题林林总总。课题是教师要研究和解决的有价值的教学问题，从学科、学生、课堂、考试等一切教学行为和教学实践中产生的课题，才是真课题。

三、把问题变成课题

严格意义上说，教学中的问题只是问题，而不是课题，它只是课题的雏形。问题变成课题，需要有假定的解决问题的途径和方法，或者有了浅层次的探索和研究作支撑。课题立项不是把问题摆出来就可以，而是既有问题，又有解决问题的明晰思路和框架。这时候的问题

才叫作课题，才能正式立项，并进行研究。譬如，大家都知道，作文批改既是让老师头痛的事情，也是出力不讨学生好的事情。对于如何解决作文批改劳而无功的问题，研究者先形成了自己的认识，然后在研究过程中，把设定的方法运用到教育教学实践中，在教学实践中加以探索、修正、完善，把积累的零碎经验加以提炼，最终形成了自己的见解方法，促进了教学质量提升，或者上升到了理论成果。

课题研究是一个慢过程。教师要先和自己的学科、自己的学生、自己的课堂，谈一场轰轰烈烈的恋爱。把一个又一个教学问题放在肚子里孕育，天天想，日日想，琢磨十个月，课题就出来了。再精心抚养栽培一两年，就形成了自己的课题成果。顺着问题找课题，从改变做法中积累经验，提升认识。真实有用的课题研究是灵动而富有生命力的。

课堂之悟

语文教学要关注学生问题意识的培养

建构理论学说认为，学生学习的过程是一个自主构建的过程，是认知矛盾运动的过程，是不断发现问题、解决问题的过程。新课程教学理念之一是培养学生的自主学习意识和创新意识。贯彻落实这一教学理念的关键是要培养学生的问题意识，引导学生在学习中自主质疑、自我解疑，最终实现自主学习能力的提升。所以，培养学生的问题意识，就成了语文教学的头等大事。

一、会教的标准是会培养问题意识

爱因斯坦说过，提出一个问题往往比解决一个问题更重要。研究性学习的核心在于启迪学生运用自己的心智能力去发现和探索问题，从而促进学生问题意识的养成。问题意识是"教与学"的重要评价标准。"教"的标准是教师会讲，"会教"即会培养问题意识；"学"的标准是学生会学，"会学"即会产生问题意识。会学习的人大多有明显的"问题意识"，知道自己为什么读书，从何入手，怎样展开，以及如何穿越千山万水。

旧课堂理念到新课堂理念的转变，就是从重传授学习到同时重独立学习、合作学习、指导学习的转变，从重成功到同时重失败的转变，从重知识技能到更重提升学习力的转变。现实的教学活动中，不少教

师本身就缺乏较强的问题意识，不能或不善于提出有质量的问题，教师只是教材的化身和教学参考资料的代言人。如果教师没有质疑的习惯和能力，培养学生的问题意识也就成了奢谈。德谟克利特说："宁肯找到一个因果的解释，也不愿获得一个波斯王位。"教师首先要学会带着问题去读书，提高研读文本的能力，做一个有思想的读书人。

二、教给学生发现问题的方法

语文学习中，学生不会发现问题的主要原因是不知道哪里有问题，不努力寻找"是什么"，懒得思考"为什么"，也就无从谈起正确地解答疑问。因此，教师不要一味埋怨学生缺乏怀疑精神和怀疑意识，而要善于教给学生发现问题的方法，逐渐培养学生的问题意识和发现问题的能力，引导学生学会深度学习。

1. 解题法

教材中，课文标题是文章的点睛之笔。从题目入手，思考文章的写作对象、特点，有可能采取什么样的写法等，带着这些问题去读课文，就可以使学生更快地把握文章主题，提高阅读效率。如学习《我的叔叔于勒》时，可以引导学生思考：文中与"于勒"相关的人物有哪些？这些人物之间有什么关系？发生了什么事情？文章的主人公到底是谁？为什么要加上"我的叔叔"作修饰？文章哪些地方点明了题目？这样的句子有何用意？教师要引导学生带着问题去读课文。这样的读书习惯，有助于激发学生的阅读兴趣，认真探究文章的内涵。

2. 一反常态法

有些课文常常存在一些不同寻常、不合常规的内容和写法。这种不同寻常主要表现在：似应写出的，作者却有意略去；无须多写的，却偏要写出。如小学语文教材中《军神》一文，文章的主人公显然是刘伯承，为什么要以大量篇幅写沃克医生，却以寥寥数笔写刘伯承？又如小学语文教材《蒲公英》一文，文章写的是蒲公英，那么写"太阳公公"一段有什么作用，是否多余？再如小学语文教材《做一片美的叶子》一文，文章多次写到"大树"，这些"大树"的含义一样吗？有些文章内容看起来是多余的，而这些恰是作者精心安排的；有些文章中某些内容多次写到，这也是作者独具匠心之处。教师要引导学生在语文学习中发现不同寻常的地方，提出不同寻常的问题。

3. 寻找矛盾法

有些文章的内容之间、内容与形式之间、语言之间常存在着某些矛盾现象，这些矛盾其实是作者刻意安排的。阅读时，要多注意这些矛盾，并多问几个"为什么"。如《社戏》一文中，为什么作者在前文并没有写到"戏有多好看"，也没有渲染"豆有多好吃"，却在文章结尾处写道："真的，一直到现在，我实在再没有吃到那夜似的好豆，——也不再看到那夜似的好戏了。"这样的表述前后矛盾吗？这一看似矛盾的问题，却是最有价值的问题。倘若学生能够发现这个问题，并能解决这个问题，就基本上把握了文章的主旨。套用欧阳修《醉翁亭记》中的一句话，这正是"迅哥之意不在戏和豆，在乎山水人和之间也，山水人和之乐，得之心而寓之于戏和豆也"。

4. 抠字眼法

有些文章文字浅显，内容易懂，学生会觉得没有什么问题。这就需要教师引导学生"于无疑处有疑"。如学习《在大海中永生》一文时，学生读后总找不出问题来，那么教师可以联系现实生活，启发学生在看似寻常地方去发现并不寻常的问题："为什么大多数人去世后骨灰要放在墓园中？而邓爷爷的骨灰却要撒到大海中？"如果学生能发现

这个问题，就能更好地理解文章的思想感情："与大海同在，与祖国同在，与人民同在。我们衷心爱戴的邓小平爷爷在大海中永生！"再如《军神》一文结尾处这样写道——沃克医生惊呆了，大声嚷道："你是一个真正的男子汉，一块会说话的钢板！你堪称军神！"如果把文中的"你"改为"您"，这样更能表达沃克医生对刘伯承的敬仰之情。艺术起于至微。一个字的差别，却是人物思想感情的巨大变化。学会在阅读中抠字眼，才能读到文本深处。

5. 比较法

有些课文本身就具有对比写法，譬如《从百草园到三味书屋》，作者为什么要先写百草园的生活，再写三味书屋的生活？单写其一会有什么效果？没有比较就没有鉴别，一比较问题就来了。在教学中，教师还可引导学生把内容相近、文体相同、语言风格相似的文章放在一起比较。如把《沁园春·长沙》与《沁园春·雪》进行比较，学生很快发现问题：两首词上阕都写景，但前者表现青年诗人的浪漫与细腻，后者表现中年诗人的雄浑与厚重；下阕前者侧重叙事抒情，回顾自己的历史，激励自己和年轻同志意气风发，改造旧世界；后者侧重议论抒情，议论帝王将相的历史，道出诗人的雄心壮志，反映出诗人的博大胸襟。两首词出自同一人之手，但气度、心态明显不同。

6. 明晰模糊法

所谓模糊点，就是似懂非懂，似明非明的地方。学生在阅读过程中，如能准确地抓住这些地方发问，能有助于正确理解课文内容。如学习《卧薪尝胆》一文时，在理解"越王打了败仗，派人去跟吴王夫差求和，表示愿意和夫人到吴国去给吴王当奴仆"这句话时，应引导学生仔细思考，发现文字背后的问题：难道越王勾践真的愿意去给吴王当奴仆？这样学生就能澄清认识，提高识别能力。再如《军神》一文，文中有一句话："沃克医生的脸上头一次浮出慈祥的神情。他想说什么却又忍住了。"为什么"他想说什么却又忍住了"呢？文字的背后有什么用意？在这些似明非明的地方发现问题，能把学生的思维引向深入。

7. 解析结尾法

许多文章的结尾都有耐人寻味之处，理解这些句子，便能很好地理解全文的主旨。教师要注意引导学生从这些句子中发问并思考，从而准确把握文章的主题。如《做一片美的叶子》一文结尾写道："为了我们的大树，做一片美的叶子吧！"那么，"我们的大树"指的是什么？怎样才能"做一片美的叶子"？再如《花儿是种给别人看的》最后一句是："我觉得这一种境界是颇耐人寻味的。"那么，我们寻出了哪些味道？要引导学生在读课文时，从结尾中发现问题、提出问题。

问题促使思考，思考产生收获，收获带来幸福。学习能力的关键是读书能力，读书能力的核心是发现问题的能力。如果学生能够在学习中提出问题，那就表明学生已经在用心灵感受文字，用眼睛观察世界，用头脑思考世界，他已经成了学习的主人。

新课堂要为学生自由学习创造氛围

　　《基础教育课程改革纲要》指出：教师在教学过程中应注重培养学生的独立性和自主性，促进学生在教师指导下主动地、富有个性地学习；教师应创设能引导学生主动参与的教育环境，激发学生的学习积极性，使每个学生得到充分的发展。新课程改革实施多年来，教师的教学方式和学生的学习方式的确发生了质的变化，但是在这一转变过程中，有些教师的过度控制行为束缚了学生的自由学习，影响了学生主体性发展。

一、当前课堂改革的两种危险倾向

　　"以学为中心"还是"以教为中心"是新课堂和传统课堂的根本区别，而自由和控制就是解决两个"中心"冲突的教育教学艺术。当前课堂改革中存在两种问题。

　　第一，变相地强化教师的控制作用。其主要表现在：把语言控制变成文字控制，让导学案固化学生的学习活动；把课堂内控制变成课堂外控制，大量的课前自主学习占据学生时间；把结果控制变成过程控制，模式下一成不变的教学流程绑架了学生……

　　第二，无限夸张主体的作用。把课堂变为学生的"一言堂"，课堂上充斥着学生自学、学生研讨、学生展示、学生评价……

以上两种极端化的表现都打着"以学为中心"的旗号，前者在管理上费尽心机，实质是扩张强化了教师的控制；后者在表演上用足功夫，否定了教学相长的互动关系，抹杀了教师的主导作用。这些都是对自由学习的无知和亵渎。

二、学生自由学习的意义

只有保证学生的学习自由度，才能保证学生大脑活动的饱满性、体验的丰富性，才能让知识成为学生情感能力和思维生长的产床，才会谈得上学习空间、学习的开放性和多样性。美国华裔物理学家、1997 年诺贝尔物理学奖获得者朱棣文说：好的教育应该是让你自由寻找那些对你有意义的事情。1992 年诺贝尔生理学或医学奖获得者埃德蒙·费希尔教授说：美国的中学教育从表面看似乎不太好，但学生到大学能有良好的学习状态，主要是中学时期他们的想象力没有被限制，这是中学时代打下的基础。

三、自由度是课堂自然状态的重要体现

学习自由度是学生主体性的第一属性。课堂的自然状态，就是学生和教师享受着属于自己的自由度。学生的充分自由度表现为：自己规划学习路线、自己选择学习方式、自己发现学习问题、自己调控学习节奏等。教师的充分自由度表现为："高屋建瓴"的思想深刻性、"山转水转"的方法灵活性、"对症下药"的问题选择性等。自然状态中的人为之力就是尊重生命的生长之势，顺势而为，不揠苗助长，不削足适履。拿捏好"自由与控制"这一辩证统一关系，是课堂的哲学价值。

四、如何创造学生自由学习的氛围

华东师范大学课程与教学研究所所长崔允漷在《有效教学》中指出，课堂上教师的任务是把学习还给学生，把讲授降到最低限度，把更多的努力放在引起、维持与促进学生的学习上。课堂的"有效"，

要求教师在课堂上要把"更多的努力"放在"发挥学生的积极性"上，而不是放在提高控制的水平上。目前，课堂改革的最大难点是"主导主动、主体被动"的课堂教学局面，限制了学生的自由学习。要给学生最大限度的自由学习，需要注意以下三点。

第一，正确把握教师的主导角色。海伦·帕克赫斯特说过，学生可以做的东西，教师千万不要做；老师教得越多，学生学得越少；让学生主掌自己的学习过程。教师必须拿捏好主导角色的分寸，主体的形象才会饱满起来，学生才可能建立正确的学习方式。教师主导的能动性必须落脚在主体的能动性上，否则主导就越位了，主体就被动了。所谓教师的"主导"只能是指导，而不能是领导或强势引导！

第二，给学生自由学习的权利。教师不要过度控制教学过程，要还学生以学习规划的自主权，学习时间的支配权，学习内容的选择权。要增强学生学习的主动性，引导学生明白自己不是完成教师分配的角色任务，而是自己找到角色感觉，进而找到自己的角色任务，在教师的指导下，完成自己的角色创造。要强化学生学习的内化性，让学生懂得自我安排学习计划，学会自我享受学习体验，学会自我总结学习方法。

第三，科学处理教学过程。学生自学，既不是跟着教师学习，也不是盲目地学习，而是在凸凹地形中独行跋涉，渐渐生出问题意识。学生研讨，教师不指定研讨范围，不预定研讨问题，不限定研讨答案。教师的讲要做到"三讲两围绕"：讲难点，讲制高点，讲易混点；围绕着生成讲，围绕着方法讲。注意不简单为少、不追求于难、不失之于偏。

新课堂强调课堂是教师的又是学生的，反对教师统治课堂或是学生统治课堂；强调学而教之，反对教而学之。课堂教学要顺应学生的天性，创造学生自由学习的氛围，把学习变成学生的事情，让学习发生在学生身上，把教育教学的目的真正落到实处。

选准阅读教学的切入点

阅读教学是语文教学的重要内容。不同体裁、不同内容的文本，有着不同的教学方法。但是，选择一个恰当的突破口和切入点，便能提纲挈领地引入教学，有效激发学生的阅读兴趣，引发学生的探究欲望，诱发学生的阅读期待，使课堂呈现出"一石激起千层浪"的局面，产生事半功倍的效果。"切入点"的选择，既要考虑教学重点的需要，发挥目标教学的定向作用，又要因文而异，体现课文内容和表达的特点，还要遵循学生学习、阅读的规律和年龄、心理特点。课文不同，切入角度和方式也各有不同，下面谈一谈切入点的选择和使用。

一、从课文题目切入

优秀的文章总是通过精心设计题目来揭示文章中心，交代写作对象，提出所论述的问题，提示行文线索以至结构思路等。把握住了题目，就可以顺着抽丝剥茧，顺藤摸瓜，以此为主线展开语文能力的训练和优美语言的感染。如：朱自清的《背影》一文，全文以"背影"这个特定的形象为叙事线索来表现父子深情，重点部分在描写父亲买橘子的背影。以"背影"为切入点，设置以下问题：课文几次写到父亲的背影？哪一次写得详细？父亲的背影是什么样的？各处描写有什

么不同？各有什么用意？切入点找到后，一系列的问题都围绕这个切入点喷涌而出。解决了这些问题，学生就能理解《背影》这篇课文，这篇课文的教学任务也就完成了。

二、从文章题眼切入

有些文章的题目，或者题目中的特定词语本身就是题眼，它反映了文章的主线或主题、作者的感情脉络、叙述中的人物对象的精神等，对理解把握文章内容极为重要，更能起到举纲张目的作用。抓住题眼进行研读，启发学生通过课题去发现问题、提出问题、解决问题，也是进行阅读教学的有效方法。譬如《狼牙山五壮士》，可以从题眼"壮"字切入，引导学生讨论：为什么不用"战士、勇士"，而用"壮士"？使学生明确文章主要是写"狼牙山五壮士在战争中英勇献身"的事。这样，学生就有了探究课文的欲望：这是一次什么样的战斗？他们为什么要全部献身？他们牺牲的经过是怎样的？接下去的教学就水到渠成了。

三、根据不同文体切入

文章文体不同，写作的要求和方法也不同。如文学作品中小说需要把握人物、情节、环境三要素；散文需要把握形散神不散的特点；诗歌需要把握意象、情感、节奏、韵律；戏剧需要把握矛盾冲突、人物个性、环境渲染等。又如实用性文体中，记叙文有时间、地点、人物、事件起因、事件经过、事件结果六要素；议论文有论点、论据、论证三要素；说明文有说明对象及特点、说明方法、说明顺序等要素。抓住以上特点，教学思路也会变得十分清楚。譬如说明文《雄伟的人民大会堂》，可以设置以下问题：说明对象是什么？——人民大会堂；说明对象的特点是什么？——雄伟；围绕说明对象"雄伟"这一特点，作者采用的说明顺序是什么？——空间顺序；作者选取的说明重点是什么？——大礼堂；使用的说明方法有哪些？——列数字，做诠释等；说明文语言特点是什么？——简明准确。

四、从文章的中心句切入

一篇课文是由诸多句子连缀而成的，这些句子在课文中的地位不是平分秋色，而是有主有次的。有些文章的作者常常在文中精心安排了关键句，或揭示题旨，或点明中心，或概括内容，或凝聚情感。抓住对这些关键句的理解，与文章思路、作者所要表达的情感有机结合在一起组织教学，以一句串联全篇，既有利于学生有效地思维、读书，顺利达成学习目标，也使课堂教学脉络清晰。譬如《海底世界》一课，篇末有单独成段的总结句："海底真是个景色奇异、物产丰富的世界。"这个总结句既简明扼要地概括了全文的主要内容，也揭示了文章的层次和思路。教学时，可引导学生抓住这个总结句，逐步展开阅读。先自读全文，画出概括全文内容的中心句；从中心句中画出两个重点词语——"景色奇异""物产丰富"；找一找，想一想。找一找：课文哪些自然段写海底"景色奇异"，哪些自然段写海底"物产丰富"？想一想：海底"景色奇异"，"奇"在什么地方？海底"物产丰富"，课文写了哪些物产，从哪些地方看出"丰富"？这样抓住一句话来教，就把全文联结成一体，有如用一条红线串联起无数珍珠。

五、从文章的主要人物切入

有些课文内容涉及多个人物形象，要真正理解课文，既要读懂每个人物形象，还要理清人物之间的关系。显而易见，如果从人物切入课文，就能游刃有余地组织教学。譬如《七根火柴》这篇小说主要有两个人物——卢进勇和无名战士，作者对卢进勇的描写浓墨重彩，在无名战士身上却是惜墨如金。那么，到底谁是文章的主人公呢？抓住这个最有争议也最有价值的问题，让学生阅读思考探讨，就会使学生真正地理解课文内涵和艺术特点。小说一开始介绍人物活动的自然环境，写卢进勇"对火的渴望"，是为了引出用生命保存下七根火柴的无名战士，衬托无名战士无私奉献的精神品格。写无名战士献出火柴的感人情景，作者则舍弃许多次要场面（无名战士如何掉队，如何得到并保存火柴，如何度过这几天的草地生活……），紧紧抓住他向战友转交火柴的一瞬，抓住人物震撼人心的一连串语言和动作，烘托出人物对党忠诚的崇高内心世界。而小说最后，又以卢进勇郑重地转交无名战士保存下的火柴，更是衬托无名战士用生命保存火柴的非凡意义。判断小说的主人公是谁，应依据小说的主题而定，而不是依笔墨的多少而定。"整个生命和全部精力，都已经献给了世界上最壮丽的事业"的无名战士，才是最能体现作者的创作意图和表现小说主题的人物。

六、从文章的矛盾点切入

文学作品是由若干冲突和矛盾组成的。矛盾推动着情节的发展，矛盾可以突出人物形象，矛盾可以揭示文章主题。以矛盾冲突为切入

点，可以把学生带向文本的深处，引向认识的高度，拓宽思想的厚度，体验文本的温度。苏教版初中二年级下册的一篇文章《窗》，小说描写围绕两个病人，展示了哪些矛盾冲突呢？一是位置不同：甲临窗，乙远窗。二是姿态不同：甲每天上午和下午能够被扶起身来坐上一个小时，乙终日躺着。三是行为不同：除聊天之外，甲利用每天仰坐的两小时，为同伴描述窗外见闻，不辞劳苦，乐此不疲；乙更多的是倾听与遐想。一个侧重于讲，一个更多的是听与想。四是结局不同：甲最终病情突发，不治而亡；乙最终占据甲的床位，痛苦地活着。五是境界不同：甲热爱生活，关心他人，品德高尚，心灵美好；乙嫉妒心强，自私冷酷，无情无义，卑劣丑恶。《窗》这篇小说中的"窗"既是病房里实际的窗，也是二人的心灵之窗，通过窗我们看到了人性中的美与丑、善与恶。

　　阅读教学中的切入点，有着"提起一条线，穿起千万珠；掘出一眼泉，水到自然成"的作用。恰当地选择切入点，是文本解读的一种技巧和能力。只要教师多花点心思钻研文本，就能找到"由一斑而窥全豹"的突破口，激发学生阅读探究的兴趣，让学生顺着这条线索穿行于文本的密林中，促进学生语文核心素养的发展。

从学生立场认真研读文本

在阅读教学中，教师对文本解读的高度、深度、厚度，影响着学生对文本理解的高度、深度、厚度。但是，一个很现实的问题接踵而来：教师在完成自己对文本的解读时，是站在教师立场、读者立场，还是学生立场？教师研读文本的立足点不同，直接影响着课堂教学是否流畅，教学目的能否有效达成。

一、文本阅读的立场

文本阅读的三个立场：读者立场、教师立场和学生立场。

所谓读者立场的阅读，即以普通读者的身份阅读文本。一般来说，普通读者的阅读常常是一种不带有具体目的的阅读，是近乎无功利的阅读。这种阅读最能够得到真实的感受，尤其能够形成比较客观的评价。

所谓教师立场的阅读，就是立足教学需要在阅读中发现教学资源，选择教学内容。

所谓学生立场的阅读，就是教师站在学生的角度去阅读文本，主要考虑的问题是：学生会怎样读？学生应该怎样读？学生应该读出什么？学生能读出什么？学生会有什么障碍？学生如何解决这些障碍？

教师倘若立足学生立场研读文本，教学内容就会更加丰满，教学过程就会更加流畅，教学活动就会更加实在，教学安排就会更有针对性，教学目标的达成就会更加顺畅。如果教师不能从学生的立场去研读文本，就很难对学生阅读中出现的问题给予及时而有效的引导和帮助。

二、教师研读文本的几种不良倾向

一是不少教师几乎不深入阅读文本。教学的通俗解释是怎么学就怎么教，然而不少老师不是以初学者的心态去精心研读文本，认认真真地把文本读懂、吃透，而是简单地浏览一下，凭着粗浅的认识和已有的经验体会，就急于阅读教学参考资料，寻找现成的教案设计。这种"浅阅读"的做法，掩盖了文本深处有血有肉的、最富价值的东西，也使老师养成思维惰性，丧失独立分析文本的能力，影响对文本的"自我"认识和对教学过程的"原创"性设计，上课的质量自然会大打折扣。

二是不少教师阅读文本过于功利。一位教师写过一篇文章，题目就是《谈语文教师文本解读的三点式》。三点式的解读影响很广泛。很多教师拿到文章，从文本里看到的就是知识点、能力点和考试点，然后围绕这三个点决定一节课先干什么、后干什么、再干什么。这样的文本解读，彻底破坏了文本在课堂中应该有的地位，也是对学生极不负责任的。

三是一些教师过度自我的解读。这些教师往往有着良好的文本解读能力和极强的文本自主阅读意识，既有丰富的阅读体验，又常常有自己的阅读见识，有的还具有良好的文学批评素养和较高的阅读理论水平。他们对教学参考书的内容几乎不屑一顾，对文学批评界早有的定评也大多不以为然，甚至将他们的见解和观点作为反面的靶子。在他们的课堂上，自己的阅读体验和阅读见识便是他们的教学资源和教学内容。这样的课堂的确具有活力和张力，也颇能得到一些学生和同

行的认同和赞誉。然而从语文课程的角度看，这样的做法同样不可取。因为作为一门课程，尽管教师具有开发资源的责任和权力，但个人化的阅读行为并不能简单代替课程内容的选择。

三、把站在学生立场阅读文本落到实处

教师在研读文本时，要眼中有"学生"，一切从学生的认知能力出发，清楚哪些是学生应该掌握的，哪些是学生不易掌握的，哪些是学生理解有难度的。把握了这些，才能有针对性地采取相关措施，确保教学目标的达成。下面以小学四年级语文《聂荣臻与日本小姑娘》一课为例，谈一谈教师研读文本的学生立场。

一是关注课本上没有要求的。字词教学永远是小学语文阅读绕不过去的一环。但是，除了课后词语外，这篇文章中还有哪些词语是学生最容易混淆的？教师从这里出发，深入研读后，就会发现"工夫""抚摩"这两个词语，为什么用"工夫"而非"功夫"？为什么用"抚摩"而非"抚摸"？"工夫"在这里只表示时间，"抚摩"带上了浓厚的感情色彩。这些词语的细微差别是学生不易发现的。

二是关注学生不易发现的。语言品析是阅读教学的血肉。如何让学生在阅读中认识到作者语言的妙处，汲取文章语言的精华，这也需要从学生的认知特点出发。譬如，文中有一段话："他又（牵）起那个五六岁的孩子的（小）手，（亲自）给她削水果，还叫炊事员（专门）煮了（稀）饭，（亲自）（用小勺）（一口一口地）给她喂饭。"这段话把人物的关键动作分解开去写，再加上一些修饰词，使文章更加具体生动感人。然而，学生却对这些词语熟视无睹，怎样才能让学生认识到这一语言的妙处呢？教师有意把括号中的词语漏掉，读给大家，学生一听，感觉显然不是那个味道；然后再让学生来补充完整，

补充后再对比阅读；结果学生就发现了其中的奥妙。这就叫一具体就生动形象，一生动形象就有感情。学生对"语言具体化"的漠视表现在习作训练中，就是写山就是山，写水就是水，只会写概括，不会写具体。认识到这一点，对学生的习作训练也是有帮助的。

三是关注学生理解有难度的。文章的主题也是语文教学必须解决的重要问题。《聂荣臻与日本小姑娘》这篇文章的主题，教学参考书给出的理解是表达了聂帅的人道主义精神。然而，小学四年级的学生能理解什么是"人道主义精神"吗？如果教师把教学参考书搬过来，那么学生只能牵强附会。教师要善于从学生认知特点出发，去探究文章的主题。全文表现了聂帅对两个日本小姑娘无私的关爱，我们不妨做个比较：妈妈爱孩子是天经地义的事情，是母鸡都会做的事情；然而聂帅对两个日本小姑娘的爱，超越了国家、民族、生死、爱恨，是大仁大义大爱。这种大爱的情怀，就是人道主义精神。

四、把站在学生立场阅读文本提升高度

教师在研读文本时，既要眼中有"学生"，又要眼中有"教师"，既要从学生实际出发，发现学生应该发现的问题，又要高于学生的解读水平，发现学生发现不了的问题。这就需要教师站得高一些，视野开阔一些，学会立体化阅读文本。

教材中的文本，有些是独立的单一个体，有些是节选的内容。教师在研讨的过程中，绝不能仅仅停留于教材的有限文本内容。要善于阅读同一个作者的其他文本，要把节选的内容放在原著中，认真读完整的书；还要把文本放在单元教学中去研读，放在整册课本中去研读；要把文本所涉及的情景插图、作业设计、补充资料等辅助性内容综合起来，做整体性研读。

譬如，《聂荣臻与日本小姑娘》这篇文章所记叙的是真人真事，那么后来聂荣臻与日本小姑娘之间又发生了什么故事？以下就是教师查阅资料后获得的内容。

1980年，美穗子探望聂帅的消息传到日本后，聂帅收到了大批来自日本各地的电报和书信，日本人民称他是"活菩萨"，是"中日友谊的使者"。

1992年5月14日，聂荣臻与世长辞。得知消息后，美穗子由于丈夫有病，不能前往吊唁，但她发来了唁电。

2002年，美穗子专门到聂荣臻送她走的那个地方拍照留念。

2005年，美穗子应邀来华参加"中日和平交流北京大会"，并与聂荣臻之女聂力在京相见。

2007年温家宝总理访问日本。美穗子再次成为公众人物，她向记者表示："我是得到了中国'慈父'的救助才有今天的，而温总理在国会这样重要的演说中说到我的事，更是令我无比感动。今后一定要继续为日中友好尽力。"如今，她的家乡日本宫崎县都城市与聂帅的家乡重庆市江津区结为友好城市。

这就是：爱是开放在人间最美的花朵，爱能让社会更和谐，爱能让世界更和平，爱能让人间更和美。教师对文本的全面、系统、立体式的阅读，将会获取更多的信息，达到更深层的理解，从而能够高屋建瓴地理解文本所折射出的丰富内涵，也能帮助学生正确理解和灵活运用。教师不仅要把文本读薄，还要把文本读厚，才能引领学生通过文本这扇窗口，看到更加丰富的世界。当然，这样细读文本会让教师觉得很累，但是如果我们能因此开始真正走入文本，走入课堂，服务于学生，又何乐而不为呢？

如果没有一番在文本中的出生入死，就难以发现文本密林深处的清芬，如果没有把站在学生学习的角度落到实处，就难以使课堂教学做到驾轻就熟、游刃有余。语文教学从来不缺乏理论，最主要的是实践。让我们不要再一味地寻找和照搬所谓的方法、模式，真正地放下架子，去做一个学会读书、学会作文的小学生。这样的语文教学就会无限地接近于自由王国。

把"三位一体"阅读教学落到实处

从 2017 年秋季开始，中小学语文教材统一使用"部编本"。部编语文教材坚持"整体规划，有机渗透"，充分体现立德树人和社会主义核心价值观教育的指导思想，强调建构"三位一体"的教学结构，即"教读——自读——课外阅读"，纠正当下学生少读书、不读书等弊病。通过大量的阅读实践，融入语言教育、情感教育、审美教育，对学生的道德、理想、情操起到润物细无声的作用。

一、"三位一体"阅读教学与传统阅读教学的区别

传统的语文教材分精读和略读两种课型。但是在教学实践中，普遍的做法是把精读部分作为重点，多讲一点，略读部分少讲一点，差别只是讲授时间的多少。很多老师怕完不成教学计划，几乎不分精读、略读；或者怕影响教学成绩，全部按照精读要求来安排。两种课型，在教学的侧重点上几乎没有什么区分。还有另外一种课型的混淆，不管学什么文体，小说、散文、诗歌、童话、议论文、科技文，全都采取差不多的程序和讲法，都要讲作者介绍、写作背景、段落大意、主题思想、生词修辞等。

"部编本"语文教材有意识地改变这种课型不分的状况，加大精读和略读两种课型的区分度，初中教材干脆改"精读"为"教读"，

"略读"为"自读"。教读课设计比较丰富，有单元导语、预习、思考探究、积累拓展、读读写写等。新教材还有一个突破，就是把课外阅读纳入教材，更重视学生自主阅读实践，努力做到课标所要求的"多读书、读好书、好读书、读整本的书"。以初中教材为例，增添"名著导读"，设置浏览、快读、读整本书、读不同文体等方法指导，增加课后思考题或拓展题的提示引导。注重激发兴趣，传授方法，引导学生学会不同的读书方法，把语文教学从课堂延伸到课外，形成"教读——自读——课外阅读"三位一体的阅读教学体制。

二、如何落实"三位一体"阅读教学

1. 教读给方法

教读和自读是两种不同的课型。教读课以教师讲为主，一般应根据课文内容、文体以及单元教学目标，设计不同的教学程序，突出每一篇课文的特点和重点，要求讲得比较细、比较精。其功能是通过精读课文，给例子，给方法，教会学生举一反三，激发学生读书的兴味。

（1）要学会默读。默读就是不出声、不分心、不停顿，一气呵成地读课文，重在保持速度和完整性。在默读中学会圈点勾画，侧重从词句层面、文意层面、结构层面的思考与理解，促进学生养成阅读与思维相结合的习惯。

（2）要学会猜读。根据标题或阅读提示猜测文本的内容和格式，根据上文猜测情节的发展、事件的结局、作品的表现手法、艺术特点等。要把猜测的结果与文本的实际内容做比较，看看作者是怎么写的，自己是怎么猜的，猜的和写的是否一致。这种猜读法对学生语文素养的要求比较高，阅读效率无疑也是高的。

（3）要学会跳读。就是在阅读中，有意识跳过一些无关紧要的

句段或篇章，抓住文本关键性材料进行速读。可以只读小标题，把握文本的主题所在；可以跳读关键词语、首尾句，迅速抓住全文的中心；可以跳读段落中的结构语，把握全文的文理脉络，等等。通过省略次要信息，加快大脑对文字的反应速度，做到阅读速度与思维过程同步进行。

（4）要学会比较阅读。把两篇或两篇以上的文章放在一起进行对比阅读，找出其中的相同点和不同点，通过比较、鉴别，激发学生的深度思维，使学生比较全面地掌握语文知识与技能，提高阅读能力。譬如，对同一单元内容大体相同、写法大致相似的几篇课文，对不同作家但体裁、写法有同有异的课文，对同一作家不同体裁的几篇课文等，进行比较阅读。

总之，现有其他版本语文教材比较偏重思想内容分析以及字词句分析，普遍不太重视阅读技能、阅读方法的习得。在部编教材使用过程中，我们要结合文本内容和学生实际，侧重默读、浏览、猜读、跳读、比较阅读、快速阅读、朗读、诵读等方法指导，并着力细化落实，努力实现学生阅读能力的提升。

2. 自读给习惯

语文学科是一门"弱指导性"的学科。学生语文素养的提高，需要长期的熏染、积累、习得，很难有速效的办法。这就必须让学生养成读书习惯，扩充阅读量。学生在自读中，有了文化感觉、语感积累、读书兴趣、读书方法和读书习惯，远比现在这种面向考试的精读精讲、反复操练的做法要高明，也更加有意义。尤其是这种语言习得的效果，是精读精讲加练习或者概论式的知识获取所难以达到的。新教材设置的自读课，就是要放手让学生自主阅读。新教材在预习与导读、思考题或者教师用书中，专门针对不同文体有不同的课型提示。教师要引导学生参照这些提示，进行自主性泛读，把精读课学到的方法在自我阅读中试验、体会，从而养成良好的读书习惯。

3. 课外阅读给兴趣

现在的学生除了教科书和教辅，几乎不怎么读书，也不喜欢、不会读书，更不会读完整的书。部编语文教材总主编温儒敏教授说：不关注课外阅读，那只是"半截子"的阅读教学。教材只能提供少量的课文，光是教课文、读课文是远远不够的。新教材力图把"教读""自读"和"课外阅读"三者结合起来，增加学生的阅读量，但是还需要老师们去"加码"，把培养学生读书兴趣作为语文教学的头等大事。抓住了这个"牛鼻子"，就能给当下的语文教学"治病"，既能应对中考、高考，让学生考得好，又能真正提高学生的语文素养。

（1）读原著。初中语文新编教材加强了"名著导读"。每节"名著导读"课都引导学生重点学习某一种读书方法。激发兴趣，传授方法，是"名著导读"设置的改革方向。教师要指导学生读经典名著，或者把课文与原著结合起来，读整本的书。譬如，学生在读名著《西游记》时，会感悟到语言文字的魅力，栩栩如生的文学形象也会在脑海中丰满起来，进而思考名著里面人物和故事背后的东西。教师要善于激发学生这种独特的审美体验，进一步唤起学生走进原著的兴趣。

（2）读群文。即讲一篇课文，附加若干篇课外阅读的文章。可以是同一作者的不同作品，也可是同一体裁的不同作品，还可以是同一主题的不同作品。学生们在读这些"同中有异，异中有同"的文本过程中，会不自觉地加以反思、比较，揣摩彼此的写作方法、语言特点、结构安排等。长此以往，这种融会贯通、兼容并蓄的读书习惯，会在学生心中播下文学的种子，潜移默化地影响学生的文学鉴赏能力，提升文学素养。

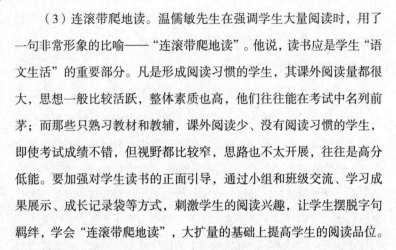

（3）连滚带爬地读。温儒敏先生在强调学生大量阅读时，用了一句非常形象的比喻——"连滚带爬地读"。他说，读书应是学生"语文生活"的重要部分。凡是形成阅读习惯的学生，其课外阅读量都很大，思想一般比较活跃，整体素质也高，他们往往能在考试中名列前茅；而那些只熟习教材和教辅，课外阅读少、没有阅读习惯的学生，即使考试成绩不错，但视野都比较窄，思路也不太开展，往往是高分低能。要加强对学生读书的正面引导，通过小组和班级交流、学习成果展示、成长记录袋等方式，刺激学生的阅读兴趣，让学生摆脱字句羁绊，学会"连滚带爬地读"，大扩量的基础上提高学生的阅读品位。

总之，只有把教读——自读——课外阅读三者结合起来，融为一体，千方百计激发学生的读书兴趣，提升学生语文素养才不是一句空话。

做到"五个关注"，打好语文学习基础

　　语文课程致力于培养学生的语言文字运用能力，提升学生的综合素养，为学好其他课程打下基础，为学生形成正确的世界观、人生观、价值观，形成良好个性和健全人格打下基础，为学生的全面发展和终身发展打下基础。小学语文更是基础的基础。然而，日益功利的语文教学使小学生的语文审美情趣不断流失，小学生应具备一定的识字写字能力、阅读能力、写作能力、口语交际能力等语文素养亟待加强。基于这一现状，小学语文教学要做到"五个关注"。

一、关注字词教学

　　关注字词教学，并非一般意义上通过死记硬背、反复练习来加大识字量，而是要培养学生使用工具书的习惯，锻炼学生积累和运用的能力，进一步激发培养学生热爱祖国语言文字的兴趣。曾几何时，学生人人案头一本字典、词典，而今这种现象已少见踪影，代替的是资料或教师现成的音形义的解释。这样做看似省事，却扼杀了学生对字词的探究欲望和学生利用工具书学习的意识。

　　要在教学过程中，引导学生把字典、词典当作语文学习的最好老师，学会正确熟练地使用，通过查阅字典、词典获得更全面、更透彻的字词知识。另外，教师在进行字词教学时，要善于引导学生对一些

课堂之悟

形近字、同音字、多音多义字和容易用错的字词进行积累整理，并举一反三，反复类比、对比，进一步触类旁通，更清晰更准确地记住它的音形义，更好地运用这些字词。教师要善于对一些学生难以理解的字词进行追根溯源，唤醒学生对汉字神奇神秘内涵的追问，让学生感受到中国汉字的独特魅力。譬如"谈笑风生"，个别学生很容易写成"谈笑风声"。其实，只要弄懂这个成语的意思，区别起来就不难。"谈笑风生"形容有说有笑，谈话谈得高兴而有风趣。"风生"是补充说明"谈笑"的，有谈笑得"风生水起"之意。如果把"谈笑"与"风声"并列起来，真是风马牛不相及。字词教学最简单也最深奥，教师要充满对语言文字的喜爱，逐步形成自己字词教学的风格。

二、关注朗读指导

朗读是语文学习的有效途径，也是激发学生语文兴趣的关键所在，更是引领学生亲近语言文字的不二法宝。长期以来，农村小学生最容易犯的毛病是读书拖音，读不出标点符号的要求，长句子不会有节奏地读，朗读缺乏思想感情的融入，等等。这些问题的存在，一个主要的原因是缺乏有效的朗读指导，学生在不断地重复着错误。教师一定要通过范读、领读等进行有效的指导，一遍又一遍地纠正学生读书的毛病。在此基础上，教会孩子们掌握读音的轻重、节奏的缓急、语调的抑扬，读出文章的情感，品出语言的美感。

譬如，《花是种给别人看的》一文中有这样一段话："正是这样。走过任何一条街，抬头向上看，家家的窗前都是花团锦簇，姹紫嫣红。许多窗子连接在一起，汇成了一个花的海洋，令人眼花缭乱，目不暇接。每一家都是这样，在屋子里的时候，自己的花是让别人看的；走在街上的时候，自己又看别人种的花。"教师要引导学生注意哪些词语、句子，要慢慢地读、重重地读、美美地读。

我的语文教学之悟

只有这样，学生才能在读中悟，悟中读，不断地走进文本，走进作者的内心世界，才能打通作者与读者的情感通道，引起心灵的共鸣。朗读的过程就是读者通过文本，与作者产生同频共振的过程。没有专注而投入的朗读，没有有情有味的朗读，学生对语言文字的敏锐性就提高不上去。语感是孩子语文学习水平的重要体现，就像打球的人要有球感，唱歌的人要有乐感，绘画的人要有色彩感。学生的语感一旦培养出来，学好语文课根本不是事。

三、关注复述练习

复述是对课文内容的有效提炼，是把文本语言转换为个人语言。准确流利地复述课文体现了学生对文本的理解，对重点人物和事件的把握，体现了学生的价值取向，还体现了学生由"读"到"说"的能力迁移。小学生学会复述课文，是一种综合能力的训练，也是相当困难的一件事情。起初，当学生感到无从下手时，教师就要带一带。

小学语文课文多是记叙性文本，不妨教给学生"什么人，什么时间，什么地点，事情是怎么发生的、进展的，结果是什么"，学生在教师的引导下，逐渐能较顺利地复述下来。接着，再进一步引导学生读完课文，让他想一想印象最深的是"什么人，什么事"，最想告诉别人的"还有什么"，这样学生再复述起来，就会逐步附加上个人对文本的理解和价值取向。如果你让他复述，他变成了读课文，还怎么培养孩子们复述的能力？"你只要有勇气站起来，老师就能帮助你顺利地复述出来。"复述课文，其实是对学生基于文本的"说"的能力训练，是语文四项基本能力中最具实践性的一项能力，也是语文学习的终极目标之一。学生学习语文，如果读不会读，说不会说，写不会写，这样的语文学习又有何意义？

课堂之悟

四、关注关键语句的品析积累吸收

语言的品析积累吸收，是语文学习的"核桃"。教师要做的就是把这个核桃砸开，让学生去看到并吃到这个核桃。文章中那些有血有肉、有情有味的语言，一定要让孩子们在反复品味、揣摩、把弄中，借鉴积累吸收，为运用语言打下基础。譬如，刘绍棠的《师恩难忘》一文中有这样一段话："我听得入了迷，恍如身临其境。田老师的声音戛（jiá）然而止，我却仍在发呆，直到三年级的大学兄捅（tǒng）了我一下，我才惊醒。""入迷"是"听"的状态，但这样还嫌不足，再加上"恍如身临其境"，就更加形象生动。

但这样还不能充分体现田老师讲故事的生动有趣，再进一步写出"我"的"发呆"，直到有人"捅了我一下"，"我才惊醒"。短短一秒钟发生的事，甚至一个词就能表达的事，作者却不惜笔墨，反复铺陈，写得惟妙惟肖。而我们有的学生写文章为什么会"语言干涩，苍白无力"呢？一个重要的原因，就是不善于在无疑处生疑，把语言掰开、揉碎，让学生发现语言文字的魅力。语文学习真正的语文味，就在于对关键语句的品析积累运用。这也最见一个语文老师辗转腾挪的功夫。

五、关注情感教育

语文教学担负着一个重要使命，就是培养学生正确的情感态度价值观。我认为，课标这样的描述，最为符合语文的特点。语文课不是思想品德课，要对学生灌输思想道德教育，而是要因语悟文，激起学生情感和心灵上的震动。学生在被感动感化中，内心泛起对美好事物的向往，对美好情愫的追求，对与之相反事物、情愫的排斥与批判。这才是真正的情感教育。情感教育不是在课堂末尾的另起炉灶，更不是脱离文本的思想说教，而是贯穿于课文学习的全过程，如春雨洒洒，润物无声，促成情感教育思想与道德的进步。

譬如，《花是种给别人看的》一文最后一段："花是种给别人看的，我觉得这种做法颇耐人寻味。"不少老师都会问学生："你寻出了哪些味道？"以此作为对学生情感教育的突破口，这当然无可厚非。然而，纵观全文，无不时时处处彰显着作者的思想情感。

再如，"许多年后，我又来到德国，走在街上，抬头一看，又是家家户户的窗口上都堵满了鲜花。"这句话中有个词"堵"，"堵"是很心绪的词，譬如"堵车"。然而，这里的"堵"，却"堵"出了好心情——乐意与人分享美好。

又如，"在屋子的时候，自己的花是让别人看的；走在街上的时候，自己又看别人种的花。"这句话又会让人想起一句诗："你在桥上看风景，看风景的人在楼上看你。明月装饰了你的窗子，你装饰了别人的梦。"又会让人想起一句话："人人为我，我为人人。"又会让人想起一首歌："只要人人都献出一点爱，世界将变成美好的人间。"

最后，教师要把"花"上升和提炼为"爱是开放在人间最美的花朵"——爱让人间更加和美，社会更加和谐，世界更加和平。文以载道。老师不知不觉地把学生领到"热爱生活，热爱生命"这个道上，这就是德。先有道而后有德。关注情感教育，是语文教师应遵守的道德。

做到这五个关注，语文课堂就直接奔向了"知识与能力，过程与方法，情感态度价值观"的三维目标。用现在流行的核心素养来说，就培养了孩子们的语言能力、思维能力、审美情趣和文化修养。

让圈点勾画成为语文学习习惯

新课程标准关于阅读的目标，认为"阅读是搜集处理信息，认识世界发展思维，获得审美体验的重要途径"，认为阅读教学"是学生、教师、文本之间多方对话的有机过程"。那么，怎样才能有效达成这一目标呢？圈点勾画批注法就是一种简单、实用的阅读方法。

一、把阅读权还给学生

传统的课堂教学强调以教师为主体，注重教师的"教"，而忽视学生的"学"，学生的主体地位得不到充分体现。教师嘴上讲"知识是建构的产物"，但实际上以"灌输"为主；学生听课只是被动接受，不求甚解。从某种程度上讲，学生实际上不是在学课文本身，而是在学教师对课文的心得体会。这种手把手、口对口、脑对脑的连接、输入、灌注阅读体会的方式，显然与当今新课标大力提倡的"不应以教师的分析来代替学生的阅读实践"极不相称，更无法"培养学生探究性阅读和创造性阅读的能力"。

阅读是学生的个性化行为。教师要珍视学生阅读时独特的感受、体验和理解，培养学生圈点勾画批注阅读法，让学生一边读、一边想、一边品味、一边勾画，画出问题，批出见解，写出感想。这种边阅读、边勾画标记的阅读方法，把阅读体验还给了学生，把提问的主动权与学习内容的选择权交给了学生。学生在主动积极的思维和情感活动中，有了对文字信息的搜集和处理，产生了对文本的感悟和思考，受到情感熏陶，获得思想启迪，享受审美乐趣。这不仅有效规避了以教师的分析代替学生的阅读实践，而且为学生接受教师的"教"打下了基础。

二、教给学生圈点勾画的方法

圈点勾画读书法不仅能发挥学生的思维潜能，提高对知识的理解记忆效率，而且能极大地激发学生揣摩研读文章的兴趣，有利于培养和提高自学能力。批注的方式大体可分为四类。

（1）注释。在阅读时遇到不认识或难懂的字词，查词典、找参考书，弄清词义，指明出处，写在空白处。

（2）提要。边读边思考，用简练的语言概括中心思想，把握文章脉络，揭示语言特点。

（3）批语。读书时会有各种思想、见解、疑问产生，这些内容可以随手写在空白处。

（4）警语。在读书时发现优美语句、典范引文、重要段落、新颖说法及特别值得注意的地方，可提醒自己做好批注。

那么，学生在初学圈点勾画批注法时，应从哪些方面入手呢？我的总结是：不动笔墨不读书，带着问题读深入。字词句段和标点，时间地点和人物，结构表达与情感，都要勾画和圈点。有读有悟有交流，读到文字的背后。

（1）鉴赏字词。首先学生通过查字典、词典，自学生字、新词，并结合具体的语言环境，对生字、新词的意思有大体了解。其次体会用词的准确，为什么这样写而不那样写，还可以怎样写；这样写有什么好处，有什么作用，等等。即通过替换、增删、比较的方式，体会

用词的准确、生动、具体、形象。还应加上自己对作者这样遣词造句的评价、鉴赏及体会感受等。譬如，《军神》一文中"他头也不抬，冷冷地问""沃克医生的眉毛扬了起来""沃克怔住了，竟有点儿口吃地说"这些句子中的"冷冷""扬""怔住"等词语。

（2）品析语言。先对全文的段落做以标注，再深入体会文章的语言特点，看看作者使用了什么样的修辞方法，理解特殊的、重要的标点符号，分析这样写有什么好处，需要借鉴和吸收这些优美语句。譬如，《军神》一文中，沃克医生失声嚷道："你是一个真正的男子汉，一块会说话的钢板！你是军神！"学生要认真分析沃克医生这句话的三个层次——"真正的男子汉——会说话的钢板——军神"，以及标点符号的变化，思考这句话表达了沃克医生怎样的思想感情。

（3）整体感知。感知文章中关键的时间、地点、人物；课文主要写了什么事、景、物，抒发了什么情感，说明了什么事物等。

（4）把握结构。能够从整体上把握文章的结构安排，看是时间顺序还是空间顺序、逻辑顺序，是总分结构还是总分总、分总结构，这样安排有什么样的好处；文中哪些语句、段落起到领起、过渡、总结的作用，特别是段首语所暗含的指向，在文中起到了什么作用，等等。譬如《军神》一文中，第 7 自然段的第一句"沃克换上手术服"，第 13 自然段的第一句"手术结束了"，这两个句子表明了文章的结构是"手术前——手术中——手术后"。学生要善于把这些句子划下来，从而更好地理清文章结构脉络。

（5）体会表达。体会记叙、描写、抒情、议论、说明这些表达方式，文章侧重运用了哪几种；哪些是人物描写，通过人物的神态、语言、动作、心理活动等，表现了人物什么样的情感、态度、价值观、精神、气质、形象、内心世界等，这样写有什么好处；哪些是场面描写，这些景物描写、环境描写有什么特点，对事件发展和人物形象有什么作用，等等。譬如，《军神》一文以大量篇幅写沃克医生神情的变化，这对表现主人公刘伯承有什么作用？把文章的题目换为《一次不同寻常的手术》可以吗？这正是正面描写与侧面描写相结合的作用。

（6）领悟情感。领悟作者在文章中表达了什么样的情感，自己对文中人物、事件的评价；全文的情感线索是什么，哪些语句是全文的情感结穴处，哪些语句是文章的文眼。特别是要善于抓住文章的结尾段，吃透其表达的情感、蕴含的意义、采取的写法。譬如，我们学习了《军神》这篇课文，从做人上受到什么启发？是不是也在有病时不打麻醉？

以上这些内容的勾画圈点，既有层次性，又有交叉性。一般来说，学生在第一遍阅读时，要重点把握字词、句段和整体感知；在第二遍阅读时，要重点关注结构、表达和情感；在第三遍阅读时，要学会关照全文，整体上把握文章的内容、写法、情感；还要善于联想和想象，思考文中可能省略的，背后的故事以及接下来可能发生的事情等，思考文章与自己的生活、学习实际有什么联系，对自己有什么启发等。

三、指导学生圈点批注时应注意的问题

第一，教师要给学生提供一定的条件。课堂上，教师要留出一定的时间，让学生独立阅读，以自己喜欢的方式阅读，并能够圈圈画画，写出自己的思考、理解、感悟，留下读书的痕迹。只有把学生阅读的权利还给学生，学生才能逐步达到既"忘我"又"有我"的阅读境界。如果教师一味地满堂讲或满堂问，用紧张的学习节奏把学生指挥得一刻不停，学生就没有时间沉浸文本，实现"读者与文本、作者"的对话。

　　第二，要激发学生圈点批注的积极性。当学生在阅读时，教师要关注学生的读书情况，发现学生恰当的见解、精彩的批注时，应及时予以表扬。也可以把学生的批注情况展示出来，把批注的内容朗读给大家，以此激发学生的读书热情。由于学生个性、能力上的差异，一些学生不善于发现问题，不会做出恰当的批注，或者当学生思维受阻、产生疑惑时，教师都要给予他们适当的帮助，给学生一些点拨、提示，帮助其打开思路，树立起自主阅读、圈点批注的自信心，切忌批评讽刺，挫伤其积极性。

　　第三，建立监督反馈系统。要定期收查学生的语文书，查看学生圈点批注的内容，让学生建立书本就是笔记本的意识，使之从思想上重视起来，从行动上规范起来。这样，经过一段时间的训练，学生逐渐掌握了方法，开阔了思路，圈圈写写也就顺手起来。一旦养成"不动笔墨不读书"的好习惯，学生将终身受益。

　　阅读活动具有深刻的文化价值和精神意蕴，与人类生存状态密切相关。培养学生独立阅读和圈点批注的习惯，使学生真正成为阅读的主人，对于学生养成自主学习、自由感悟、自觉积累的意识，发展健康的阅读个性，建构丰富的情感世界，都具有不可忽视的意义。

让听说读写在日常学习中发生

众所周知，语文课程是一门学习语言文字运用的综合性、实践性课程，听说读写四项基本能力的培养，在整个语文教学中有其特殊的地位。然而，能力的培养和形成单靠"学得"是难以达到的，必须在日复一日的"习得"中才能习出"真功夫"，积出"厚底子"。那么，如何让听说读写在日常生活中发生呢？

一、每堂一说

即课前三分钟演说。每节语文课前，由同桌两个学生每人进行一分钟演说，最后一分钟是学生评价。由课代表主持，按座次顺序轮流进行，这样全班学生每月能轮一遍。演说主题由课代表组织学生讨论选定，每轮结束另选演说主题。演说的基本要求是：身正肩平目视前方，吐字清晰声音洪亮；内容简练不超时，健康向上不低俗。学生们选定的内容很有趣，有笑话幽默、成语故事、好人好事、风俗习惯、见闻感受等。

为了展示自己的演说能力，他们先把演说内容整理出来，然后反复练习，确保不超时、效果好。别的同学在演说时，其他同学要认真倾听，这样才能评得中肯、恰切。每堂一说，既锻炼了学生说的能力，又锻炼了学生听的能力，丰富了学生知识。每学期结束，课代表把大

家的演说内容收集起来，按篇目装订成册，就是一部"百科全书"，悬挂在教室墙壁上也是一道风景。

二、每日一记

就是写日记。一是写日记贵在坚持，要养成天天写的好习惯。为此第一行要写上年、月、日、星期、天气等，如果这一天没有写，就把日期记上，作为空白页翻过去，以此作为对自己的提醒。二是要为日记拟定一个标题，拟定标题的目的是让学生学会有选择地记录生活，避免把日记写成"流水账"。日记内容可长可短，但必须是对生活的真实记录。

同时，教师要做好批阅。把全班学生分成若干个学习小组，每天抽查一两个学习小组的日记进行批阅，至于抽哪些组由课代表临时确定，保证每周对所有学生的日记批阅一遍。批阅后，教师要利用课前或课后时间进行简要点评，也可把优秀日记当作范文读给大家，或者悬挂在"佳作共赏"园地，供大家传阅。坚持写日记，既培养了学生观察生活的意识，丰富了学生的写作素材，也使学生在反思中不断成长。魏书生老师曾说，坚持写日记，就是坚持道德长跑，能使人的心灵求真向善爱美。

三、每周一读

即每周利用一节自习课进行课外阅读。现在的学校都有了图书室、阅览室，学生阅读方便了许多。而那时的书籍是同学们你一本我一本兑来的，我还把学校订阅的报纸杂志搬到教室，由学生自由阅读。当堂读不完的书可以在本周或下周继续阅读，但要养成不动笔墨不读书的习惯，每个学生建立一个摘抄本，在阅读中把优美的语句摘抄下来。

另外，每周腾出一节早自习课的时间，组织学生背诵摘抄本子上积累的东西。下课前10分钟进行集中抽查，看谁背的内容又多又好。背诵的过程，也是学生消化吸收和积累的过程。学生们写作文时不时能用上背诵过的词句，这更增添了他们阅读的积极性。

四、每月一辩

即每月举行一次辩论会。由学习委员做主持人，结合学习生活实际拟定辩论主题，由两个学习小组成立正反辩方，利用自习课时间开展一次辩论会。记得有一次辩论会的内容是"读课外书是否影响学习"，正反两方有主辩、有副辩，配合默契、相互补充，辩论得十分激烈。最后学习委员的总结是：经过辩论，大家对读课外书的看法虽然各不相同，但是有一点是一致的，那就是要做好课外书的选择。课外书大体可以分为三类：第一类是经典作品，类似于茶，初喝有些苦味，喝的时间长了，就能品出其中的滋味，而且茶具有提神、助消化、利尿等功效，是上好的饮品；第二类是较为通俗的文学作品，类似白开水，看似平淡无味，却是人体的必需，是最实惠的饮品；第三类是较为低俗的作品，类似汽水，掺了很多色素、防腐剂等，看着很诱人，其实对人体健康没有好处，是不可用的饮品。

每月一辩，调动了学生听说读写的积极性。因为只有丰富的积淀，学生们才能在辩论时纵横捭阖、游刃有余。

五、每期一编

就是学生每学期把周记、作文编辑成册。开学初，学生在写周记、作文时，先预留两页空白纸。待一学期结束，学生把写过的周记、作文题目整理出来，在空白页处附上目录、标上页码。最后，再写上"后记"，总结一学期的习作心得。学生把这当作一件很重大的事情，

有些学生还要写上"前言",做上插图,起上题目。这是他们自己的作品集锦。

　　除此之外,每学期每人选出一篇优秀的日记、周记、作文,分别编印成册,学生们自发地组稿、审稿,排版、印刷。他们编印成册的有日记选粹——《心海之光》,周记选粹——《时光的印记》,作文选粹——《菁华》。这是每个学生献给自己的礼物,这里有他们的代表作,也记录着其成长痕迹。

　　每堂一说,每日一记,每周一读,每月一辩,每期一编,让听说读写训练常态化,学生的语言表达能力和综合素养也在不知不觉中得到了提升。

　　譬如,一次在语文课上,我正在上课,有个学生在剪指甲,"啪啪啪"声音格外响亮。我停下来说:"刚才教室里的动静大家都听到了,假如你是老师,你会怎么处理?"有学生举手说:"你吃饭时,时间从碗边溜走了;你睡觉时,时间从床边溜走了;你剪指甲时,时间从指甲缝里溜走了,你不感到可惜吗?"另一学生说:"一心不能二用,你一边听课,一边剪指甲,不怕剪破自己的指头吗?"还有学生说:"假如我是老师,我会停下来,什么也不说,当教室里静下来后,这个同学自然就会明白自己错了。这叫此时无声胜有声。"学生们的听说能力不能不让教师惊叹!

　　语文教学的最根本的目的,就是要让学生熟练地掌握理解语言的能力,并且要达到精确地使用祖国的语言文字,为自己、为社会服务。学生们在日常生活学习之中,坚持听说读写的自我训练,这种久久为功的效果是非常明显的。

语文教学中激励唤醒的艺术
——以公开课《聂荣臻与日本小姑娘》为例

　　我一直很固执地认为，每一个熊孩子的心里都住着一头沉睡的狮子。课堂上，老师应该像一根火柴棒，用自己的智慧和爱心把每一颗生命都一一点燃，让课堂形成一团熊熊燃烧的火，形成一个强大的生命场。这就是激励鼓舞唤醒的艺术。下面，以我执教的《聂荣臻与日本小姑娘》一课为例，谈一谈激励鼓舞唤醒的具体做法。

　　一、有情有味地表扬学生的闪光点

　　人的天性渴望得到他人的赞扬，获得鼓励和表扬是学生维护自尊自信、激发潜能的重要因素。对学生而言，老师的表扬是天籁之音、神圣之音，可以刺激学生思维的活跃点，引爆其自我追求、大胆探索的兴奋点。

　　譬如，在听写"聂荣臻"这个词时，有个学生写得很准确，我就问他是如何记住的，他说把"聂"拆分成"耳"和"双"，把"臻"拆分成"至"和"秦"。于是，我这样表扬道："这个孩子很善于动脑筋,他把复杂的字拆开,很容易地记住了它的写法,这就是学习方法。"

　　再如，"穗"这个字，有位女孩子分析这个字是由"禾"与"惠"组成，我让她把"惠"组词，她组了一个词"贤惠"。我的眼前顿时一亮："太棒了，我在别处上课时，学生们大多组的是'实惠''优

惠'，你组的是'贤惠'。言为心声，你真是个心底柔软而善良的孩子。你幼小的心灵里，就有贤惠的种子。"

还有，学生演板后，我让大家打分，马上就有同学举手说："老师，应该给75分。""为什么？""因为4个词语，他错了1个，每个25分，他应该得75分。"我立即夸奖他："你的数学学得真好，一口气就说出了正确答案。数学就是生活，学数学就是在生活中运用的。"

老师要善于抓住学生的每个闪光点，给予大张旗鼓的表扬，给予具体而有针对性的表扬，给予有情有味的表扬。表扬是兴奋剂，能坚定学生学习的信心；表扬是催化剂，能充分激发学生的兴趣；表扬是锦上添花，能让学生拥有学习的获得感、成功感和幸福感。

二、循循善诱地启发学生的疑难点

一节真实的课堂，必然有"问题"发生。学生在遇到学习困惑和挫折时，不但需要老师的安慰和鼓励，更需要老师适时的启发诱导，帮助学生打开心智之门。一方面，老师要学会等待，另一方面，老师要有拨云见日、点石成金的教学智慧。所谓"你一提他就醒，你一拨他就开"，老师启发诱导的功夫就在这里。

譬如，我让学生脱离课本复述课文时，全班学生哑然无声，没有一个人敢于举手。我知道孩子们把文本语言变成个人语言是有难度的，但这个坎必须迈过去，怎么办呢？我说："孩子们，不要紧，你只要敢于站起来，老师就能帮助你顺利地复述下来。"在这一心理暗示下，终于有学生战战兢兢地站了起来。我打了手势，请她站到讲台上。我先起个头："1940年——"学生就开始了。接着，我一步一步地诱导："人物——""接下来——""最后——"学生顺着我的提示语，从开端到经过到结果，把全文简要复述下来。我马上给予鼓励："很好，你已经掌握了复述的方法，时间、地点、人物、开端、经过、结果，把这些要素表达清楚，课文就复述了下来。"

再如，学生品析语言时，我让学生模仿老师有意漏读一些动作描写的词语，然后由其他同学补充完整。这样做的目的是让学生体会动作描写要具体，一具体就生动，一生动就有情感。学生举手发言时，第一遍漏读了两个词语，显然没有吃透语言的妙用；我让她来第二遍，鼓励她能不能再多漏掉一些词语，这一遍学生漏掉了三个词语，还是不够；我让她来第三遍，这一次学生漏掉了五个词语，基本上达到了目标。下面这段话括号内的词语，就是学生有意漏掉的。

他又牵起那个五六岁的孩子的小手，（亲自）给她削水果，还叫炊事员（专门）煮了稀饭，（亲自）（用小勺）（一口一口地）给她喂饭。

我继续追问："在写文章时，这些词语能漏掉吗？为什么？"学生们思考后，明白这些词语表达了"聂帅对日本小姑娘的关心关爱"。我继续追问："能不能在'关心关爱'前面加上个修饰语，强调关心关爱的程度？"学生们终于加上了"无微不至，细致入微"等词语。

"不愤不启，不悱不发。"课堂上，学生在老师的启发诱导下，从未知到有知，一步步提升，一点点成长，最终攀升到理想的高度。这是一件多么快乐幸福的事情呀！这就是教学的生成性。

三、恰到好处地利用学生的成长点

现代教育强调"以人为本"，强调更多地关注个体潜能的充分发挥。这一理念本身就突出了学生是最大的教育资源。课堂上，老师要充分地理解学生，热爱学生，尊重学生，善于捕捉学生的成长点，把这一宝贵的教育资源挖掘好、利用好，让它的效用放大放大再放大。

譬如，我在一所农村学校执教《聂荣臻与日本小姑娘》时，学生朗读课文出现了极其严重的问题，拖音拉腔，不明白标点符号的读法，

长句子不会分节奏换气，更谈不上把握语音的轻重、语速的缓急、语调的抑扬。于是，我先为孩子们做了范读，强调了要把握的朗读要领，然后由学生自我练习，然而纠错效果依然不明显。我就问："谁能按老师的要求读一读？"马上有学生举起手来，果然，她既达到了老师的要求，又读得字正腔圆，顺畅流利，感情饱满。于是，我顺势利导："你比老师读得还要好，你就当个小老师给大家领读领读。"一遍、两遍……孩子们找到了模仿和学习的榜样，拖音拉腔的毛病不见了，这位范读的小学生无疑陡添了信心和力量。鼓舞她一个，唤醒一大片。

再如，这堂课即将结束时，我布置的课内作业是完成课后练习，两分钟后马上就有人举手："做完了。"能瞬时完成作业，就不必担心他的正确率。"那好，做完了，你们去检查一下同桌和前后左右的同学，看看他们做完没，做的正确不正确？"于是，这些学生纷纷探过头去，生教生、生帮生，合作学习立即产生。如果老师去检查指导，在有限的时间很难顾及全体学生。

把学生的成长点这一教育资源充分利用好，这件事并不复杂，只要老师"用心"去观察学生的个人品质、情感、个性特长，就能走近学生，因材施教，争取让每个学生都获得公平发展的机会。

语文教学最重要的不在于传授本领，而在于激励、唤醒和鼓舞。激起学生无穷的勇气，唤醒学生自然沉睡的力量，鼓舞无限的潜能。这样的课堂，必然是学生思维的跑马场，是身心的飞扬，是生命的狂欢。在这个过程中，你定能听到孩子们吱吱吱的"拔节"声，这是多么神奇美妙的教学意境呀！

把朗读的种子埋进学生心田

一个朗读的故事

晚上 10 点多，接王校长微信："我把您的作品发到'逸夫之家'里，结果有学生和家长一起配乐朗诵，发给了我。转发给您，您在'逸夫'的粉丝很多啊！"

我打开视频，声音缓缓流淌——

五月的田间

阳光把麦香炒得正浓

孩子，也许这醉人的醇香

与你们的鼻息还有距离

但是，看到你们

你们的一张张笑脸

我就看到了翻滚的麦浪

浪尖间涌动着五月的芬芳

…………

这里，没有舞台

偌大的校园就是舞台

这里，没有演员

每一个孩子都是主角

这里，每一天都是生命的怒放

快乐，幸福，阳光

这里，我嗅到了五月的麦香

很醇很浓，悠远绵长……

前几天，参加逸夫小学迎"六一"美育成果展，也算是有感而发，写了一首小诗《五月，我嗅到了麦香》，发给王校长。谁知这首小诗经她转发后，引来父子俩的共同朗诵。

儿声清澈，如河底石子历历在目，又有浪花飞溅的欢悦；父声浑厚，如大山之郁郁葱葱，又有荡气回肠的深远绵长。父亲的厚实，稳稳地托住儿子的清浅；儿子的跳荡，乖巧地鼓舞着父亲的激越。一子一父，一句一逗，一起一伏，一抑一扬，一顿一挫，张弛有度，衔接完美。

这段即兴而起的文字，经由父子二人的鼻腔共鸣，滤去了雕琢，如山涧流水淙淙，明丽婉转悦耳动听。浮现于眼前的画面，极远又极近，虚幻而真切；触动人心的旋律，有弧度也有温度，可触摸更愿停留。

我想到这样一段话："只有在朗读过程中，孩子们有了语气的参与，有了嘴型的变化，有了眼神的流转，有了神态的动荡，有了呼吸的变奏，甚至有了肢体的设计，他们才有了真正的游戏感。而此时在孩子们的眼中，语言才真正是有魅力的，才真正是令他们神往的。"

于是，我立即回复王校长："不管是语文还是英语，凡语言学科，只要朗读水平上去了，没有学不好的。"

受董卿《朗读者》节目的启发，王校长把朗读植入每个班级，学

我的语文教学之悟

生的朗读感染了家长和老师。师生共读、亲子共读，成了逸夫小学最美的声音，最柔软的时光。

朗读是多么美妙

作为一名语文老师，对朗读我有这样的体会：朗读不是简单地把文字符号变成有声语言，让人"知道"；而是把它变成有情有味的、有张力、穿透力和冲击力的语言，让人"感到"。"知道"和"感到"是两个截然不同的概念。"感到"，好比读到痛处，有针扎在肉上的感觉；读到恨处，有咬牙切齿的感觉；读到乐处，能让人每一寸肌肤都发笑；读到喜处，令人又不自觉想揽物入怀。没有一番在语言文字中的"出生入死"，又怎能做到这一点呢？

诗人郭小川说："谁的心灵深处——没有奔腾咆哮的千军万马；谁的大小动脉里——没有炽热的鲜血流淌哗哗。"2005 年，汝州市要举办一场以"保持共产党员先进性"为主题的电视演讲比赛。我一阵心血来潮，报了名，写了稿。

但要演讲好并不容易。我一遍一遍地读，上小学的女儿拿着稿子，一边听一边把读错的音标下来，再逐字逐句帮我纠正。特别是"汝州"这两个出现频率最高的读音，我是跟着她的口型，经过无数次练习才纠正过来的。接下来，我又把自己关在洗脸间，对着大镜子，一遍一遍地琢磨手势和表情。最后，在女儿的把关下，从上场到下场，进行全程模拟试讲……

预赛在电视台演播中心举行。参赛者靓女如云，有两个还是电视台的主持人。演讲比赛历来是年轻人之间的竞争。在这里，我不仅是大龄青年，而且是仅有的两个男生之一。预赛结束，一个中年女评委走过来，主动与我搭话："你的台风很好，很有演讲范儿……"最后

课堂之悟

的结果是，我闯入了决赛，而且获得了二等奖。

　　柴静说："没有深夜痛哭过的人，不足以谈人生。"我想说，没有朗读经历的人生称不上完整的人生，尤其当人年轻的时候。朗读是声音的创作，是对文本的艺术再造，是口头表达的有力征服。也许，我们达不到这种境界，但努力过也不失为一种精彩。

　　二十世纪八十年代，汝州市电视台有位出镜率最高的主持人，是人们心目中的偶像。前不久，竟在一次饭局上偶遇，岁月洗去铅华，人愈加疏朗洒脱干练。遗憾的是她已脱离话筒，转做行政领导，大家对此惋惜不已。她双手抱拳，掷地有声："我建个微信群，把喜欢朗读的朋友拉进来，共同分享朗读的快乐。"于是，众人欣然举杯响应。

　　《朱作仁谈朗读》一文中指出："讲读是死的，如同进行解剖，朗读是活的，如同给伤口以生命。讲解只能使人知道，而朗读更能使人感受。"好的文章是用来读的，好的句子是用来背的。要让朗朗书声响彻课堂，让摇头晃脑的背诵场景再现课堂，让静静的默读的美学意境回归课堂。读了，背了，慢慢地就会用了。读得多了，背得多了，慢慢地就会写了。写得多了，就会写得越来越美。简简单单教语文，实实在在学语文。读读，写写，这不就是真正的语文学习吗？

　　有些种子是很坚韧的，一旦埋下，不管经过怎样漫长的寒冬，只要春风一吹就能破土而发。语文老师要把朗读的种子埋进孩子的心田。

识字教学的五点初探

　　正确使用汉字是对母语文化的尊重和传承，也是每个中华儿女应尽的责任和义务。俗话说"字是打门锤，文章敲门砖"，写好字是一个人文化修养的见证。但是由于汉字是一种表意文字，每个字都有其独特的字形，代表着独特的意义。一些学生在用字时容易对一些形近字"张冠李戴"，尤其在电脑普及的时代，如何有效规避错别字不断和提笔忘字的现象？在此，结合识字规律，探讨一些辨别错别字的小诀窍。

一、偏旁辨形

　　汉字是一种表意文字，字音、字形和字义之间常常有一些对应关系。掌握彼此联系，就能少出现一些错别字。

　　根据声旁辨字形。有些字可以根据其字音特点来辨别。如，"令"和"今"这两个字在外形上只有"一点"差别，学生经常写错。而且，现代汉语里用这两个字做部件构成的新字也不少，如带"令"的"领""铃""龄""岭"等，带"今"的"琴""吟""矜""念"等。这么多的形近字令人眼花缭乱，不过仔细观察就会发现，这两组字在读音上有很大差别，带声母"l"的多用"令"字旁，其他多用"今"字旁。

还有的字可用韵母来鉴别。如"舀"和"臽"很相似，韵母是"ao"的多应写成带"舀"偏旁的，如"稻、蹈、滔"；其余的只能写成"臽"，如"掐、焰、陷"等。再如，成语"墨守成（chéng）规""奴颜婢（bì）膝""相形见绌（chù）"，它们不读"chén""bēi""zhuó"，记准了其读音，就不会写成"墨守陈规""奴颜卑膝""相形见拙"。这叫"以声辨形"。

根据形旁辨字形。汉字大部分是形声字，形旁表义，声旁表音。结合形旁代表的含义，也可以帮助我们分辨错别字。如"干燥"和"燥热"都包含"干（gān）"的意思，"燥"的形旁"火"即燃起火常常会让空气干燥，或者空气干燥也容易着火；而"急躁、躁动"的"躁"是足字旁，当人脾气急躁时常要顿足跳脚的。

又如"蓝天"和"篮球"两个词语也容易误写，但前者与草本植物的颜色有关，后者与篮筐有关。

再如，"湍""瑞""端""揣""喘""踹""惴"，"缀""辍""掇"，根据声旁也不难将其意义和适用范围区别开来。这种方法可以帮助我们认识和区别很多偏旁不同的形近字。这叫"以形辨形"。

二、意义辨形

即根据字形和字义的关系来辨别字形。我们在识记字形的时候，可以通过揣摩这些词语的意思来加以区别。

比如"掂量"很容易误写为"惦量"，但是"惦"有"记挂"的意思，而"掂"是"用手托着东西估量轻重"的意思。

又如"散漫"很容易误写成"散慢"，但是"慢"是指动作迟缓，而"漫"是指水溢出来，比喻为不受限制。

再如"无精打采"，它主要形容精神不振，提不起劲头。是"采"而非"彩"。"采"是神采的意思，而"彩"是色彩的意思。

准确掌握每一个词素的含义，可以帮助我们解决一部分的错别字。这叫"以义辨形"。

三、结构辨形

即根据词语之间的结构关系来辨别字形。在一些成语或四字、二字词语中，词素和词素之间的关系常常体现在结构上的两两对应。

比如"提心吊胆"，不能误写为"提心掉胆"，因为"提"和"吊"的意思相近；又如"一张一弛"，不能误写为"一张一驰"，因为"张"和"弛"的意思相反；再如"肤浅"，不能误写为"浮浅"，因为"肤"是用来修饰"浅"的，像皮肤一样浅。

根据词语的结构规律，也可帮助我们辨别错别字。这叫"结构辨形"。

四、趣味辨形

有些形近字之间的差别很是细微，辨析记忆相当困难，可以根据对汉字特点的感知，并发挥合理的想象，记住容易出错的地方。

譬如，人们曾经编的一些识字顺口溜"点成横戌戊中空，十字交叉便是戎"，"已封己不封已字在当中"等，这种辨析法就是根据汉字特点而采取的巧妙记忆。

再如，"考"字，为避免学生在下面再加"一横"，可以想象"古时考试满分是5分"；"商"字，可以把"冂"字框中的内容理解为"商人都很会说话，而且嘴巴（口）上都留着八字胡"；"贪"与"贫"，可以理解作"分贝"为"贫"，"今贝"为"贪"。"衷"与"衰"，可以把前者作为形声字记忆，把后者的中间部分理解为"中"字躺倒，

即"不中""衰败""衰落""衰退"之意。

这样的记忆法，既生动有趣，还记得牢，甚至终生难忘。这叫作"趣味辨形"。

五、寻源探义记字形

在语言文字运用中，成语中的错别字最难辨析纠正。譬如，人们常把"再接再厉"误写为"再接再励"，把"怨天尤人"误写为"怨天忧人"，把"姗姗来迟"误写为"跚跚来迟"，把"按部就班"误写为"按步就班"等。这主要是对成语的出处和意义掌握不准。

"再接再厉"语出唐朝韩愈、孟郊《斗鸡联句》"一喷一醒然，再接再砺乃"。"接"作"交战"讲；"厉"通"砺"，作"磨快"讲，意思是公鸡相斗，每次交锋之前先磨一下嘴。比喻继续努力，再加一把劲。

"怨天尤人"的"尤"为"归咎、责怪"之意，自然与"忧"相去甚远。"姗姗来迟"的"姗姗"形容人走路缓慢从容的样子，而"跚"则形容走路摇摆不稳的样子。"按部就班"的"部"为"门类"的意思，引申为"次序"，与"步"有天壤之别。通过查词典，掌握成语的出处和意义，是减少错别字发生的根本方法。这叫"寻源探义辨形"。

文字是一个民族文明的载体和象征。自仓颉造字以来，汉字作为最古老的三种文字之一，能够顽强地存活下来，足以证明其强大的生命力和审美力。我们应该增强对民族文化的自信心，勤于动手，勤于思索，在探寻汉字的文化底蕴和审美意趣中，激发学习汉字的兴趣和热情，总结识字规律，做到正确规范地使用汉字。

以教学反思助推语文教学水平

美国学者波斯纳曾提出一个风靡一时的教师成长公式：经验＋反思＝成长。叶澜教授说："一个老师写一辈子教案也不一定能成为一位名师，但是写三年反思就有可能成为名师。"三年反思或成名师，把教学反思变成工作常态，课堂教学就能进入出神入化的状态。

一、教学反思的内涵和意义

教学反思不是一般意义上的"回顾"，而是反省、思考、探索和解决教育教学过程中各个方面存在的问题，它具有研究性质，是校本教研最基本的力量和最普遍的形式。教学反思有两大目的：学会教学和学会学习。"学会教学"要求教师把教学过程作为"学习教学"的过程，向自己的经历学习，逐步成为学者型教师。学会教学是反思教学的直接目的，"学会学习"是终极目的，要求教师从学生学会学习的角度去思考，最终实现两个"学会"的统一。实践证明，凡善于反思的教师，其自身的成长和发展的步伐就会加快。在教学中，一旦教师熟悉教材，就特别容易陷入机械重复的教学实践中，处在经验性思维定式、书本定式、权威定式和惰性教学之中。开展教学反思，加强教师自我评估和自律学习对教师主体的发展特别重要。

二、如何写好教学反思

教学反思用平实的话来说，就是教后想想，想后写写，认真思考一下得与失，想一想教学目标是否达成，教学情景是否和谐，学生积极性是否调动，教学过程是否得到优化，教学方法是否灵活，教学手段优越性是否体现，教学策略是否得当，教学效果是否良好，等等。

1. 写成功之处

记录教学过程中的优点：教学中突出重点、分散难点的方法；实现预期的教育教学目标，引起教与学共振效应的途径；设计合理、条理分明的板书；课堂教学中临时出现的问题以及处理得当的具体措施；先进的教学理念在课堂中的渗透与应用；教育学、心理学原理在课堂中应用的感悟；教学方法的革新；学法指导的技巧，等等。只有详尽地记录这些优点，才能在今后的教学中借鉴使用，并不断总结、改善，推旧出新，教学才能近于完美。

譬如，我在参加平顶山市优质课大赛时，规定篇目是《"友邦惊诧"论》。这篇文章的教学重点是认识驳论，理解通过驳论据来驳论点的驳论方式。当时，我设计了一个随堂练习：我来平顶山的汽车上，有人议论平顶山是个煤城，又脏又乱，投资环境极差。假如你在汽车上，你会怎么说？学生们顿时来了兴致，议论纷纷，各抒己见。这就叫驳论，使用的驳论方式是驳论据。论据驳倒后，自己的论点就自然建立。最后，我把他们的回答总结成几句话："绿草红花映煤城，鹰城人民降黑龙。齐心协力治湛河，河水清清如明镜。马路平坦通四方，东西南北自由行。汉彬华安今犹在，张玮精神放光彩。鹰城环境实在好，投资兴业一块宝。"这个课堂练习与教学重点紧密结合，巩固了驳论知识，训练了驳论能力，培养了家乡自豪感。知识、能力、情感、态度、价值观，一箭多雕，雕雕皆语文。这个成功案例，启发我将教学中的重点以更加生活化、实践化的方式去加以夯实。

2. 写教学机智

课堂教学中，随着教学内容的展开，师生的思维发展及情感交流的融洽，往往会因为一些偶发事件而产生瞬间灵感。这些"智慧的火花"常常是不由自主、突然而至，若不及时利用课后反思去捕捉，便会因时过境迁而烟消云散，令人遗憾不已。譬如，我在讲公开课《人类的语言》时，提出一个问题："人类的语言用声音做手段也有其狭隘性，但是随着科技的发展，我们可用哪些方法来弥补这一不足？"话音刚落，后排一位大个子男生豁然而起，手持话筒，大声答道："钱！"如此奇葩的回答，把我"钱"懵了，也让在场的数百位老师瞪大了眼睛，都在看我如何收场。我冷静下来，顺着他的思路引导："对呀，孩子，钱能买来什么东西，把人类的声音保留下来、传播开去？"在我鼓励的目光下，孩子经过一番思索，答道："录音机，录像机。"答到这里本已达到目的，但我感到意犹未尽，我接着说："钱的确很有用，但钱不是万能的。聋哑学校的孩子，多么想拥有一张会说话的嘴巴呀。"顿时，掌声四起。

事后，我是这样写反思的：当学生的发言不在老师的轨道上时，教师要做的不是"请坐下，再来一位"，而是因势利导，让他回到正确的轨道上来。这就是点拨和提升。教育的契机常常发生在这里。然而，多少老师一句"请坐下"，看似礼貌，却让孩子"灰溜溜地坐下去"。每一次提问，都应该让孩子"自信地站起来，快乐地坐下去"。

3. 写不足之处

"学然后知不足，教然后知困。"课堂教学是一门有缺憾的艺术，

没有最美，只有更美。即使一个教学经验非常丰富、课堂教学近乎完美的教师，在一节课上的某些环节也难免有疏漏失误之处，有这样或那样的不足和败笔。能认真冷静地对整个教学过程加以剖析，回顾探究，寻找到解决问题的方略，为今后的教学积累深层次的经验，无疑会有锦上添花之妙用。譬如，我在执教鲁迅先生的《社戏》时，设计了三个课时：第一课时，初读课文，扫障碍，理结构；第二课时，精读课文，品语言，析人物；第三课时，跳读课文，摘精华，写童年。但是，这样的精心设计，讲下来后我却感到非常不满意。

不满意在什么地方？在于没有找到一个很好的突破口，把全文拎起来，只感觉课文处处是金，四处抓挠，八面乱扑。长文短讲的关键是窄口突破，那么这篇文章的突破口在哪里？"真的，一直到现在，我实在再没有吃到那夜似的好豆，——也不再看到那夜似的好戏了。"顺着这一问题，找看戏之趣，寻吃豆之乐。最后回到欧阳修《醉翁亭记》中的一句话："醉翁之意不在酒，在乎山水之间也，山水之乐，得之心而寓之于酒也。"原来，"鲁迅之意不在戏，在于自由快乐的童年和热情纯朴的乡土人情，此二者之乐，得之心而寓之于看戏和吃豆也。"写童年、写故乡，是多少文人永远也解不开的情结呀！

写教学反思，贵在及时，贵在坚持，贵在执着地追求。一有所得，及时记下，有话则长，无话则短，以记促思，以思促教，长期积累，必有"集腋成裘、聚沙成塔"的收获，必能实现教学实践上的不断超越。

语文老师要善于以文化人

语文教育的一个重要的功能就在于"立人"，提升人的精神境界，这是其他学科都代替不了的。既然语文有"文"的成分，相应地语文教师必须要像个文人，具有类似文人学者的风范、性情和气质。教师如果不热爱生活，不激情澎湃，甚至在文学方面孤陋寡闻，缺乏人文底蕴，又怎能培养出有深厚语文素养的学生呢？

语文学科的特性，决定了语文老师必须具备听说读写四项基本能力。语文老师应该努力多写文章，写好文章，发挥以文化人的优势。因为，文字能让学生有更多空间来思考、想象和反复体味，可以避免当面交谈的尴尬，表达口头难以诉说的期望和忠告，从而产生更持久深远的教育效果。

一、书信来往巧沟通

学生的心理世界是微妙且复杂的，每个孩子都是有机的生命个体。他们有自己的思想，有自己的价值观与人生观。有时教师苦口婆心的说教，学生不一定能听进去。还有些学生思想不成熟，不愿意透露自己的真实想法，造成师生交流的障碍。那么，换一种方式，用书信这种方式与学生双向交流沟通，也许会引起学生的反思和情感共鸣。

我曾经遇到一个学生，父亲在建筑工地干活时不慎落架摔伤，从

此卧床不起，母亲远走他乡，爷爷奶奶已八十有余，一个智障叔叔与这个老弱病残的家庭相依为命。小姑娘周末回家要洗衣服、蒸馒头、下地干活，遇上亲戚家有红白大事，还要请假回去行人情，履行一家之主的职责。老师们心疼她，想资助一些钱，她拒绝了；送一些衣物和食品，她也不要；甚至学校帮她申请贫困生补助，她也不愿接受。面对这个很要强的孩子，怎么能更好地打开她的心结，帮助她正确面对困难，顽强地走下去呢？

我写下一段话："山静默着，高高地矗立于眼前。你明白希望就在山那边，所以你选择了勇往直前！但你可曾看到，山坡上那郁郁葱葱的森林，山脚下那宛如锦缎的绿草，山顶上那盘旋缭绕的云雾……它们也在为你加油，为你呐喊。如果你真的累了，那就暂时停下脚步，这里也是你栖息的港湾！"我把她叫到办公室，聊了一会儿，把这封简短的书信和一个笔记本一并送给她。小姑娘双手接过本子，深深地鞠了一躬……

事隔不久，这个学生在校园里赶上我说："老师，这是给您的，请您一会儿再看。"我接过她递上的书信，回到办公室后急忙拆开阅读。信的开头是这样写的："老师，谢谢您对我的关心！自从母亲不辞而别后，我就认为连妈妈都不要我们了，其他人还会关心我吗？所以，当大家帮助我时，我都认为那是一种可怜和施舍，我不想接受，也不愿接受。现在，我终于明白，大家都是真心帮助我，没有丝毫瞧不起的成分。我错了，我真诚地感谢大家！今后，我一定要好好学习，报答家人连同我的母亲，报答老师，报答所有关心我的人！"

其实，我在写那封短信时，因为缺乏对她的足够了解，有意写得相对含蓄一些，却无意间打开了学生的心灵之窗，收到了较好的效果。

这也许就是文字言简意丰的魅力所在。随着人际交往方式的多元化，书信这种古老的信息传递渠道已极少被人重视和利用。然而，教育教学工作中，当一些学生不愿面对面地坦露自己的真实想法，或者其内心世界不便用口头语言表达时，书信恰恰成了很好的交流载体。

二、分享文章细感化

文以载道。文字的力量虽小，却发挥着润物无声的作用。工作中，我经常把自己的见闻和感受写成文章，及时拿到班上或者发表在 QQ 空间，与学生分享。譬如，《每天进步 0.01》（节选）：

最近一次外出学习，专家出示了一组数学题，1 的 365 次方、1.01 的 365 次方、0.99 的 365 次方分别是多少。这莫名其妙的问题弄得满场学员一头雾水，最后专家给出了答案，分别是 1、37.8、0.03。顿时，讶异声一片。一点点的增加或减少，经过 365 次放大或衰减，结果就大相径庭。古人云：求学如春起之苗，不见其增，日有所长；惰学如磨刀之石，不见其损，日有所亏。说的也是这个道理吧。

学生看了这样的文章，内心的感触是很深的。曾经有个学生在 QQ 上留言："读你的文字《董老师》，你就是我们心中的董老师！此生此世，命运的转折点，有时候只是一个人、一句话、一种影响，潜移默化中，万物已不同。不言谢，太轻。我会越走越稳，越走越优秀。这就是你的影响，我的改变。"看着学生的留言，老师的内心的确很感动。因为是老师自己写的文章，有些事情就发生在学生身边，学生感到很真实、很亲切，也就更容易唤起学生的内心认同，其教育意义和效果也会更加非同一般。

学生们愿意读我的文章，也更激发了我写文章的动力。我要求自己每周都完成一篇文章，譬如《只有香如故》《低到尘埃里的美好》

《槐花一路有清芬》《人生得意读书始》《早起的鸟儿有虫吃》《慢慢地向"静"靠拢》《别让手机赖上你》等，有散文、有随笔，但都与生活密切相关，以至学生爱分享我的文章都上瘾了。如果隔一段时间没有新作出来，他们就纷纷给我提意见："老师也想偷懒不成？我们好期待哟！"

学生们也在老师的影响下，更加热爱读书和写文章了。于是，我还把学生的文章拿来供大家一起阅读，甚至把老师和学生写的文章作为奖品，奖励给有进步的学生。我总认为能写文章，能写出文质兼美的文章，这样的人无论是思想还是人生都差不到哪里去。因为这一过程，已为学生精神成长打下了坚实的底子。

三、以诗论道滋心灵

作家魏巍在《我的老师》一文中，这样描写他的班主任老师："她爱诗，并且爱用歌唱的音调教我们读诗。直到现在我还记得她读诗的音调，还能背诵她教我们的诗。"诗歌作为一种凝练精致的语言形式，对学生有着极强的审美作用，其吸引力也是很大的。我经常把自己的一些诗作，分享给我的学生。

三月是学雷锋活动月，我就写下一首诗做铺垫——

《三月的春风》（节选）：

小时候，我们都知道你的名字

你的名字是我们前行道路上的明灯

我们都读过你的日记

你的日记是我们放飞理想的天空

我们都传颂着你的故事

你的故事是给予我们温暖和力量的春风

⋯⋯⋯⋯

你用平凡的一生矗立起——

一座民族精神的高峰

你教会了我们——

人，为谁而生；路，怎样去行

一个雷锋，千百个雷锋

一座高峰，千百座高峰

那就是昂然屹立的万里长城！

学生们读了这首诗后，产生了强烈的思想共鸣，他们对雷锋精神
有了更深刻的认识，也更愿意把学雷锋付诸行动之中。

生活中的见闻和感受，我都极力捕捉下来，酝酿成诗。譬如《诚
信菜摊》《为了一棵树的悼念》《五月，我嗅到了麦香》《端午感怀》
《写在九九重阳》等。我没有刻意以此给学生带来思想的启迪和人生
的教益，却收获了学生的审美趋同。元旦前夕，学生们用捡垃圾的钱
买了副毛线手套，派代表送到我办公室。激动之余，我写下一首小诗
《手套》（节选），回馈大家——

一双毛线手套

很轻，很轻

我接下它，分明感到

很重，很重

我想，如果不把自己的心胸

放大，再放大

课堂之悟

119

又怎能把这一颗颗心灵

稳稳地，安放

　　尽管我写的诗很粗糙,但是孩子们感受到了老师对他们的"回应",这份真诚的互动又进一步强大了他们的"内心"。小小诗歌,只言片语,但它可能是一道微光,在不经意的刹那,照亮了学生的心空。

　　文字架"心桥",对话变通途。话语涓涓而流,心门徐徐洞开。心近情融,情至理顺,精神漫游。哪有心声不能聆听?哪有心灵不能理喻?哪有心室不能点亮?哪有心花不能怒放?最美的教育应该是心灵与心灵的碰撞。语文老师作为手握雕刻刀游走在孩子心灵上的艺术家,该是多么幸福呀!

《社戏》里的风土人情美

鲁迅先生的《社戏》是初中语文教材里的经典篇目。文中所述的平桥村虽然是个只有二三十户人家的小村庄，却有着浓得化不开的风土人情之美。反复读之，宛如一曲《外婆的澎湖湾》，把人带进清秀的山水、醇厚的乡情、纯真的友情、浓重的亲情之中，一抹淡淡的乡愁也油然袭上心头。这真是，戏里戏外总关情，字字句句刻心扉。

一、青山碧水有社戏，江南水乡真美丽

那地方叫平桥村，是一个离海边不远，极偏僻的，临河的小村庄；住户不满三十家，都种田，打鱼，只有一家很小的杂货店。

虾是水世界里的呆子，决不惮用了自己的两个钳捧着钩尖送到嘴里去的，所以不半天便可以钓到一大碗。

两岸的豆麦和河底的水草所发散出来的清香，夹杂在水气中扑面的吹来；月色便朦胧在这水气里。

那声音大概是横笛，宛转，悠扬，使我的心也沉静，然而又自失起来，觉得要和他弥散在含着豆麦蕴藻之香的夜气里。

赵庄是离平桥村五里的较大的村庄；平桥村太小，自己演不起戏，每年总付给赵庄多少钱，算作合做的。当时我并不想到他们为什么年年要演戏。现在想，那或者是春赛，是社戏了。

这里山清水秀，可以钓得到虾儿，闻得到自然的清香，看得到朦胧的月光，听得到悠扬宛转的笛声……这里还有春赛、社戏。南宋诗人陆游的《春社四首（其四）》诗中就有"太平处处是优场，社日儿童喜欲狂"的题咏。试想，劳碌后的人们去看一场大戏，其乐融融，这是多么美好的休憩和欢娱时光！

故乡对童年的浸润更像是一块文化的胎记。故乡的自然风光与乡土人情，那方水土的独特风貌和历史文化记忆，一定会以某种方式在内心留下深深的印迹。细细读来，不禁让人想到童年家乡的田园风光，想到如今的美丽乡村建设……

二、醇厚乡情暖人心，也是人间之好戏

但在我是乐土：因为我在这里不但得到了优待，又可以免念"秩秩斯干，幽幽南山"了。

和我一同玩的是许多小朋友，因为有了远客，他们也都从父母那里得了减少工作的许可，伴我来游戏。

在小村里，一家的客，几乎也就是公共的。

我们年纪都相仿，但论起行辈来，却至少是叔子，有几个还是太公，因为他们合村都同姓，是本家。然而我们是朋友，即使偶而吵闹起来，打了太公，一村的老老小小，也决没有一个会想出"犯上"这两个字来，而他们也百分之九十九不识字。

我们每天的事情大概是掘蚯蚓，掘来穿在铜丝做的小钩上，伏在河沿上去钓虾。这虾照例是归我吃的。

其次便是一同去放牛，但或者因为高等动物了的缘故罢，黄牛、水牛都欺生，敢于欺侮我，因此我也总不敢走近身，只好远远地跟着，站着。这时候，小朋友们便不再原谅我会读"秩秩斯干"，却全都嘲笑起来了。

这里景美人美情更美。"一家的客，几乎也就是公共的。"这一句形象地刻画出平桥村农民热情好客的淳朴民风。它与《桃花源记》里"村中闻有此人……便要还家，杀鸡设酒作食"，何其相似！在这里，"我"与小伙伴们钓虾，放牛，看戏……虾照例是归"我"吃，打了太公也不"犯上"，但他们也会嘲笑"我"的"缺少见识"……农家少年，无论长幼尊卑，一律平等相待，个个天真活泼，朝气蓬勃。偏僻农村的醇厚乡情，为下文各色人物的真情再现做了铺垫。他们所展现的人性的美好，都源于这方水土，这方乡情。

　　吃饭之后，看过戏的少年们也都聚拢来了，高高兴兴的来讲戏。只有我不开口；他们都叹息而且表同情。忽然间，一个最聪明的双喜大悟似的提议了，他说，"大船？八叔的航船不是回来了么？"十几个别的少年也大悟，立刻撺掇起来，说可以坐了这航船和我一同去。

　　在这迟疑之中，双喜可又看出底细来了，便又大声的说道，"我写包票！船又大；迅哥儿向来不乱跑；我们又都是识水性的！"

　　在平桥村，"我"最大的愿望是去看戏，当"我"无船不能看戏时，心里十分懊丧，但是双喜和小伙伴们想尽办法，不顾劳累和路远陪"我"再一次去赵庄，圆"我"看戏之梦。尤其是双喜这个颇有"孩子王"特点的小少年，短短几句话有理有据，一下子便说服了大人。这种急"我"所急，想"我"所想，敢于担当的品质，是何其难得呀！而且，小朋友一旦得到应允，便立刻高兴无比。

　　大家跳下船，双喜拔前篙，阿发拔后篙，年幼的都陪我坐在舱中，较大的聚在船尾。

　　于是架起两支橹，一支两人，一里一换，有说笑的，有嚷的，夹着潺潺的船头激水的声音，在左右都是碧绿的豆麦田地的河流中，飞

一般径向赵庄前进了。

行船时，小伙伴们自然地分工合作，配合默契；座位安排也体现了长幼有序，以及对"我"这个小客人的关心照顾。

我有些疲倦了，托桂生买豆浆去。他去了一刻，回来说，"没有。卖豆浆的聋子也回去了。日里倒有，我还喝了两碗呢。现在去舀一瓢水来给你喝罢。"

没有买到豆浆的桂生主动给"我"舀水，这是多么的体贴入微，善解人意啊！而当我看戏不耐烦时，其他小朋友也显出不耐烦、扫兴的样子，有的竟打起呵欠来，聪明的双喜就提议返回。

月夜行船去看戏，从成行，到出行，到看戏，小伙伴们自主的能力、自发的团结，实在是让人感叹儿童天性的纯洁美好！

这回想出来的是桂生，说是罗汉豆正旺相，柴火又现成，我们可以偷一点来煮吃的。

"阿阿，阿发，这边是你家的，这边是老六一家的，我们偷那一边的呢？"双喜先跳下去了，在岸上说。

阿发一面跳，一面说道，"且慢，让我来看一看罢。"他于是往来的摸了一回，直起身来说道，"偷我们的罢，我们的大得多呢。"

在归航中，当大家饿了要偷罗汉豆时，阿发只因为他家的豆大，就偷他家的。农村小朋友淳朴无私、憨厚善良的性格特点，豁然而出，熠熠闪光。

"双喜，你们这班小鬼，昨天偷了我的豆了罢？又不肯好好的摘，踏坏了不少。"

当"六一公公"发现豆被偷以后，不是骂豆被偷，只是责怪"不肯好好摘，踏坏了不少"。但孩子们十分坦然："是的。我们请客，我们当初还不要你的呢。你看，你把我的虾吓跑了！"这里没有因偷豆而惭愧的感觉，倒是像看得起他的意思，连钓虾的注意力都没有转移，可见其无所谓了。他们偷得坦然，偷得愉快，偷得好玩，偷得不像偷。鲁迅先生在《故乡》中也曾写道："不是（管贼）。走路的人渴了摘一个瓜吃，我们这里是不算偷的。"对路人尚且如此，何况是客人呢？

这个"六一公公"不埋怨很正常，但他竟然因"我"觉得豆子好吃，就"非常感激起来"。这是何等淳朴的人情。最为突出的是，他还将大拇指一翘，得意地说道："这真是大市镇里出来的读过书的人才识货！"事后还亲自送来一大碗煮熟的罗汉豆。这语言、动作可真把农村的人情诗意地发挥到了极致。

还有，双喜所虑的是"用了八公公船上的盐和柴，这老头子很细心，一定要知道，会骂的"。结果，第二天，"我"向午才起来，并"没有听到什么关系八公公盐柴事件的纠葛"。

天真纯朴美少年，热情忠厚平桥人。小说虽然是虚构的，却不乏鲁迅小时候生活的影子，更有现实的丰饶和真实。这就是我们伟大的乡下人！这些生活在邮票般大小地方的人们，有着比大海更广阔的胸怀，比蓝天更纯净的心灵！其实这夜的戏并不过瘾，过瘾的则是这幕最美的人间好戏！

"真的，一直到现在，我实在再没有吃到那夜似的好豆，——也不再看到那夜似的好戏了。"小说结尾这句话历来倍受读者称道，正在于其言尽而意远，给人留下隽永深长的回味。

三、平平淡淡总是真，亲情浓浓倍感人

《社戏》并没有把亲情描写当作重点，却在不经意间流露出浓浓

的亲情。当"我"因无船而不能去看戏时，"外祖母很气恼，怪家里的人不早定，絮叨起来"。而这时，母亲便宽慰伊。"到晚饭时候，外祖母也终于觉察了，并且说我应当不高兴，他们太怠慢，是待客的礼数里从来所没有的。"三言两语，祖孙情、母女情跃然纸上。

看戏走的时候，母亲嘱咐要小心；回来时，发现"桥脚上站着一个人，却是我的母亲"。也许这并不是作者的刻意为之，但平平淡淡才是真。读到这里，不能不使我们对这位母亲肃然起敬。母亲的情怀啊，半夜三更，站在桥头，盼望儿子的归来，见得儿子平安归来，心头的气恼也是转瞬即逝，转气为喜了。"儿行千里母担忧"，这不正是人间最伟大、最永恒的母爱吗？

当然，我们也不能忽视小说的开头，按照鲁镇的习惯，凡有出嫁的女儿要夏间归省。而母亲因为替祖母分担些家务，"只得在扫墓完毕之后，抽空去住几天"。母亲在为人女、为人媳两种身份中辗转腾挪，尽量不亏欠任何一方。"习惯"即民风，民风影响家风，家风代代传承，就是好民风。

《社戏》实乃一部人间大戏，戏里戏外总关情，字字句句刻心扉。然而，时代的发展日新月异，今天的人大多对故乡越发模糊和飘忽，尤其是现在的孩子们读这篇文章时，对这种风土人情的美体会得不那么真切深刻。教师要着意打通孩子们的心灵通道，让孩子们在语言的品味中，慢慢地寻找那种感觉，深深地呼吸那种气息，惬意地感受那种风情，自由地徜徉于那种氛围……

语文评课之高度例谈

评课的意义在于帮助和指导教师总结教学经验，使教师多渠道获取信息，提高教学水平和教学素养，逐渐形成自己独特的教学风格。评课的目的不是证明，而是说明。在评课阶段不能就课论课，单纯地评价这节课是否成功、优缺点在哪里，更不应就授课教师在教学过程中的某些细节处理大做文章，如板书书法如何、教态、声音等。评课要站在一定高度，从本节课观察到的现象着眼，找准其本质，概括出课的特征，并且指出这些特征之间的内在联系及教学中的意义，给教师以规律性认识，让执教者的参与者有收获，让自己有进步。

下面，以一节单元识字运用及言语训练课为例，谈一谈评课高度的把握。这节课是小学低年级学生在对单元课文整体阅读的基础上进行的识字教学和言语训练。以下是我评课的要点。

一、语文学习的最好路径是什么

人们把所有知识的习得归纳为读书。语文学习的最好路径是阅读，是"旅行"式的阅读，要移动，要"广游"。当学生积累了丰富的精神地理，领略了足够的心灵风光，自会清楚每一段里程的意义，有自己的鉴赏力和感受力。语文老师应成为旅行家和导游，领着孩子们徜徉于汉语世界，让学生发现语文之美，进而热爱语文。

丰富阅读，不仅是数量，还有视野、格局和配方。如今的语文教学，似乎太注重单篇文本的理析和深度挖掘，有"开采过度"和"玩术"之嫌。执教者采用单元整体阅读教学法，规避了这一偏颇的做法，为学生留出大量的阅读时间，回归到"简简单单教语文，快快乐乐多读书"的本真语文课堂。单元整合阅读教学法的效果，显然是整体大于部分之和。它能让学生学会整体观照，学会对比和类比，从而吸纳更多的言语运用、表达方法、文章意趣等诸多内容。

虽然这节课的主要教学目标是识字教学和言语训练，但前提是学生完成了单元整体阅读。把单元整体阅读引入小学低年级语文教学，是一种积极而有效的尝试，理应充分肯定。

二、语文学习的起点是什么

小学语文阅读教学无外乎四个步骤：一是掌握生字词。学生能够借助工具书，突破生字词，达到准确流利地阅读文本。二是通晓文意。学生通过文本阅读，明白文章写了什么内容，表达了什么感情，能抓住文章要点，且能在阅读中勾起自己的生活。三是懂得鉴赏。学生知道文章美在哪里，激发阅读探究欲望，且能学会借鉴吸收。四是学会迁移。学生能够把阅读体验转移到写作实践中，做到读写结合，以读促写，以写促读。小学低年级语文学习的起点，是生字词学习。这节课，执教老师把一个单元的 40 个生字，进行集中教学，体现了识字教学高效性。而且，老师教给学生一种很重要的识字方法——查字典。

查字典有三种好处：第一，查字典是一种深度的字词学习。一个字可能有多种音、义，学生在查阅过程中，会结合语境进行选择判断，从而丰富了学生对字词的认知。第二，查字典是一种利用工具书的好习惯。这种习惯一旦养成，可发展为学生终生学习的能力。因为不管什么领域的再学习，其实都是利用工具书的能力。第三，查字典是人生智慧的体现。遇到不懂的问题，学会找工具来帮忙，这是一种学习品质和学习方法。人生的道路上总有过不去的坎儿，这个坎儿来临的时候，学会向生活低头，并能寻求有益的"帮助"，也是人生智慧的体现。

最令人欣喜的是，当老师提问学生认识生字利用了哪些"工具书"时，学生的回答可谓超乎想象，有人答是字典，有人答是同学，有人答是生活。学生对于工具书的认识，已经突破了"字典"这个既有的概念，他们甚至学会在生活中学习语文。处处留心皆学问，这是语文学习的法宝。应该说，教师引导学生通过多种途径进行识字学习，是本节课教学的最大亮点。

不过，老师在字词教学时，还应深挖一步。譬如，"厉"这个字，学生的组词有"变本加厉""再接再厉""厉行节约"等。这三个"厉"有什么不同？老师并没有深究。"变本加厉"的"厉"是严重的意思，"再接再厉"的"厉"是磨砺的意思，"厉行节约"的"厉"是履行的意思。虽然这些词语意义间的区别，小学二年级学生掌握起来确有一定难度，但是如果老师及时讲出来，留心的学生也许一生都不会再出错。这叫先入为主，就是在孩子懵懂的世界里，给他们一种正确的认知。

三、如何建立学生的语言系统

老师巧妙地把字词教学与言语训练结合起来，由字到词，由词到句，由句到段，这样的言语训练对于小学二年级学生是极其重要的。譬如，老师在字词教学时，以"我发现这个字是什么结构""左边、右边分别是什么偏旁""合起来组成一个什么字""这个字可以组成一个什么词"的语言模式，让学生回答自己的识字体会，这本身就是在帮助学生建立言语系统。

　　再如，有学生在以字组词，以词组句，以句连段时，一口气说出很长一段话："今天，聪明的我去了大大的有花有草的五彩缤纷的动物园，看到了一只胖胖的活泼的凶猛的老虎。"这是低年级学生容易犯的语言错误，老师及时指出修改方法："把这些放在中心语前边的修饰语，放在中心语的后面去说。"这真是教学机智。学生最后的表达是："今天，聪明的我来到了动物园，这里大大的，有花有草，五彩缤纷；我看见了一只老虎，它胖胖的，很活泼，很凶猛。"接下来，老师总结道："孩子们，要学会把长句变成短句，这样说话人不至于上气不接下气，听话人也不至于太费力。这就是语言的妙用。"

　　语文教学主要是帮学生建立起三大系统：语言系统，美学系统，价值观系统。这节课，老师对学生的言语训练是很用心的。先给学生一个范式，让学生模仿创造；在学生遇到问题时，教给方法，巧妙解决，这就是教学的生成。

　　应该说，这节课可评价的地方很多。但我用三个问题串起来：语文学习的路径，语文学习的起点，言语系统的建立。既关注到本节课教学目标是否达成，也关注到语文学习框架的构建。在评课中，要跳出课堂看课堂，对课堂展示的教学思想、课程主张、课堂模式，多总结、多提升，让人看到教学规律性的东西，才能实现评课效益和效能的最大化、最优化。

语文评课之厚度例谈

评课的厚度，是指评课者要善于把有价值的课堂教学资源拓宽、延伸，促使执教者认真审视当下的课堂教学行为，产生对教学风格、教学思想的追求。即把点评作为一扇窗口，让执教者和参与者吸收更丰厚的教学信息，看到更遥远的教学前景。

下面以两节语文课《记承天寺夜游》《地下森林断想》的观课、评课为例，谈一谈对评课厚度的认识。

一、基于学科思想统领下的语文教学

评价一堂语文课的优劣，首先要看它像不像语文课，也就是教师是否基于语文学科思想，引领学生进行语文学习。《义务教育语文课程标准》指出："语文课程是一门学习语言文字运用的综合性、实践性课程。义务教育阶段的语文课程，应使学生初步学会运用祖国语言文字进行交流沟通，吸收古今中外优秀文化，提高思想文化修养，促进自身精神成长。工具性与人文性的统一，是语文课程的基本特点。"上海师范大学教育学院课程与教学论专业博士研究生导师王荣生先生指出，"语文学习的主要任务本来应该是语言文字运用，是阅读与欣赏、表达与交流，是读写文章与文学。"

语文教学应该把学生引向哪里，怎样才能把学生引向那里，到底

把学生带到了什么程度。这是语文教学活动的出发点和落脚点。《记承天寺夜游》一课，共分五个教学环节：朗读课文，理解文意；佳句赏析，体会美景；挖掘主旨，揣摩心境；背诵默写，积累吸收；整合拓展，丰富素养。这节课把朗读作为学生的主要学习方式，指导学生读出文言文的味道，做到熟读成诵、当堂默写，梳理整合苏轼的诗、词、文，让学生发现更完整的苏轼，丰富学生的文化素养。同时，抓住"闲"字这个文眼，引领学生探究苏轼"旷达乐观"的思想情感，感悟"得之淡然、失之坦然、处之泰然"的人生态度，促进学生的精神成长。应该说，这节课具有很浓的语文味，体现了语文学科工具性和人文性的特点。

二、在自主、合作、探究中的语文学习

积极倡导自主、合作、探究的学习方式，是新课程改革的核心理念之一。真正的学习必须发生在学生身上，让学生在"学"与"习"中，获得解决问题的方法和经验。这就要求教师的教学观念由"教中心"向"学中心"转变，课堂操作模式由"如何教"向"如何学"转变。这两节课在这方面做得是不够的。学生自主学习不充分，没有为学生留出足够的自主学习时间，整个课堂似乎都在撵时间、赶进度；合作探究浅层次，没有引导学生深度探究教学的重点和难点，而是由教师的讲解代替了学生的生成。

教师为什么不敢把学习的主动权交给学生？估计有两点原因：一是怕学生不会学习，耽误教学时间，完不成教学任务；二是怕把公开课上成学习课，展示不出教师的教学水平。这一切的根源还在于没有跳出"教中心"的牢笼束缚，课堂教学依然存在教师讲得过多、析得过碎，学生学得过少、习得不足。建议大家在备课时从"假如我是一

名学生"出发，思考我是如何学习的，有哪些思悟、提升，如何破解遇到的问题等，把教学设计变成学习设计，把教学目标变成学习目标，把教学流程变成学习流程。在课堂上，坚持做到少教多学，"少教"意味着"多思"，用思考的沉默代替低效的聒噪；"多学"代表着"投入"，用主动的体验摒弃浮夸的形式，真正地解放教师、绽放学生。

三、语文教师要做学生生命的唤醒者

教师有三重作用，一是示范引领，二是点拨指导，三是鼓舞唤醒。优秀的语文老师一上台、一出场，本身便是语文。其一言一语、一举一动、一笑一颦，无不闪动着语文的光华，无不绽放着语文的魅力，无不流溢着语文的韵味。让学生因为喜欢"我"而喜欢语文，喜欢祖国的语言文字，更加热爱生活、热爱生命。这就是语文老师的示范引领。这两位老师以自己扎实的语文功底，做到了这一点。

语文老师应该在学生达不到期待的高度时，搬来一把梯子，让学生攀上去。所谓"不愤不启，不悱不发"，就是这个道理。譬如，在对《地下森林断想》一文主旨的探究时，教师先引导学生发现文章的中心句："我景仰那些曾在黑暗中追寻光明的地下的'种子'。愿你们创造更多的奇迹！"再提问：为什么"种子"要加引号？这里的"种子"代表了什么？有了后面这两问，学生们明白"种子"不仅代表那些在地下森林生根发芽的种子，也代表着那些坚韧不拔追求光明的人们。然而，没有这两次追问，学生就很难对文章的主旨理解到位，这就是点拨和指导的艺术。

最为关键的是教师要做学生生命的唤醒者。每个学生的心里都住着一头沉睡的狮子，老师要把这头睡着的狮子唤醒，做孩子生命的鼓舞者、点燃者。第二节课，老师通过对学生学习过程的及时点评归拢，

以及组织学生参与互动点评，并对学生点评进行巧妙点化、指导，让学生全动了起来。大家争相质疑、表达，而且有读、有写、有说、有画，各有神采，直到课堂结束，学生还意犹未尽。教师把学生推向课堂的中央，课堂成了语文实践活动的跑马场，成了学生的身心飞扬和生命狂欢。这堂课不仅把学生唤醒了，甚至把学生唤疯了。这就是课堂教学的最高境界。

通过对课堂积极的思考、判断、感悟、反思，我把这两节课的点评聚焦于三个问题指向：一是"语文教学向哪里去"，二是"学生学习怎样发生"，三是"语文老师的作用"。至于课堂本身的得失，则贯穿于对这三个问题的阐释与交流中。评课者要善于把微观的具体的课堂教学行为与教学思想、教学方法结合起来，把课堂教学之术与教学之道结合起来，让评课内容更加宽厚，使参与者有所启发。

语文评课之温度例谈

特级教师王崧舟说，评课者首要的是温度，是发现阳光、播洒阳光的温度。让执教者通过评课者的评议，重新找回一个语文教师应有的职业尊严和专业激情，才是评课者的大德、大道。评课不妨厚道些。王崧舟老师的话，提醒我们在评课时要对不同的教师抱有不同的教学期待，以赏识的眼光看待每一节课，竭力挖掘课堂的正向引导作用，点燃鼓舞执教者和参与者追求课堂教学艺术的热情。

下面是我对两节语文阅读教学课的评课。我先对两节课做了总评。两位老师的阅读教学，从朗读指导、阅读赏析两个不同角度展示了阅读教学法的运用，让听课者脑洞大开；学生们的出色表现，也让大家无不拍手喝彩。具体讲，两节课因着力点不同，各有千秋，异彩纷呈。

一、朗读的魅力何在？如何指导学生朗读？

朗读不是简单地把文字符号变成有声语言，让自己和听者"知道"就行，而是把有声语言变成有情有味的、有张力、穿透力和冲击力的语言，让自己和听者"感到"。读到痛处，有针扎在肉上的感觉；读到恨处，有咬牙切齿的感觉；读到乐处，有每一寸肌肤都发笑的感觉；读到喜处，有揽物入怀、拥入胸前的感觉。

朗读是艺术，艺术是有技巧的。要把握好语音的轻重，节奏的缓

急，语调的抑扬。让声音变得——像山，有起有伏；像水，有急有缓；像歌，有抑有扬；像画，有淡有浓；像女人，有曲线有弧度，摇曳多姿，风情万种。能流畅而富有情感地朗读课文的学生，必然是对语文感兴趣的学生，其语文素养乃至未来的人生绝对差不到哪里去。

第一节课《我的伯父鲁迅先生》，老师把朗读作为阅读教学的突破口，发挥了举重若轻的教学作用。老师用范读作引领，用领读作纠正，用重读作训练，用轮读作巩固。一步一步，把朗读的美感传递给了学生，把朗读的功夫教化给了学生，把学习语文的金钥匙交给了学生。从孩子们的课堂评价，就能看出这一教学效果。有学生说"老师的声音滋润了我们的心田"，这是对教师范读的赞扬；有学生说"你读得绘声绘色，让我非常清楚地感受到了黄包车夫的感激之情"，还有学生说"你读的时候，还不自觉地搔了搔后脑勺，可见你已经进入了角色"，还有学生说"我听到你读出的颤音时，我也感动得鼻子发酸"，这是对其他学生的朗读评价，评得有情有味，足见这节课朗读教学的目标完成得相当好。

朗读是对语言文字理解的深化和内化，是对文本内容呈现形式的立体化和再造化，是以美学的手段构建起作者——读者——听者的对接和对话。教师运用不同方式的朗读训练，使学生完全沉浸在语言文字的把弄品味中，沉陷于对有声语言的修饰矫正中。在这一过程中，学生与更加美好的作者和更加完整的自己，不期而遇。这就是朗读教学的功德。哑巴式英语是学不好英语的，同样不开口的语文教学也不是真正的语文教学。

这节课上的琅琅书声，不禁让人想到孔子《论语》中的一段话：

"莫（暮）春者，春服既成。冠者五六人，童子六七人，浴乎沂，风乎舞雩，咏而归。"孩子们的朗读，不正是春天里的"歌咏"吗？教师带领学生反复地朗读，如同把一群童子带进文本森林的深处，沐浴的是身心，俯仰的是天地。这是多么美好的教学意境。

二、阅读赏析要赏析什么？怎样赏析？

阅读赏析，主要是发现文本的语言美、情感美。第二位教师在执教《秋天的怀念》时，着重通过不同的方法，引导学生透过语言的外壳去发现情感的内核。既抓住了阅读赏析的内容，又教给了学生阅读赏析的方法。

其一，揣摩关键字词，体会情感美。譬如，"母亲就悄悄地躲出去，在我看不见的地方偷偷地听着我的动静。当一切恢复沉寂，她又悄悄地进来，眼边红红的，看着我"这段话，老师启发学生思考：在朗读时对哪些词语应该重读？为什么要重读？学生在反复的朗读品味中，发现"悄悄""偷偷""眼边红红的"这些词语饱含了母亲对儿子的理解、关爱、呵护之情。

其二，品味景物描写，体会情感美。譬如，"又是秋天，妹妹推我去北海看了菊花。黄色的花淡雅、白色的花高洁、紫红色的花热烈而深沉，泼泼洒洒，秋风中正开得烂漫"这段话的景物描写，小学生对它进行准确到位的理解是有难度的。老师启发学生："花代表美好的事物"，从中你能发现哪两点情思？学生带着这一明确的指向，经过思考讨论，发现看花是为了转移他疾病的痛苦，更是为了让他找到生活的勇气。

其三，运用对比阅读，体会情感美。譬如，母亲昏迷前的最后一句话是："我还有一个有病的儿子，有一个未成年的女儿……"如果

把母亲的话换成"我还有一个儿子，一个女儿……"可以吗？表达效果有什么不同？这样一对比，学生就明白了母亲对两个孩子的牵挂之心，一个有病，一个弱小。那时那刻，母亲真是死不瞑目呀。但老师并没有至此结束，而是再次追问："文章结尾哪句话与这句话相呼应？"学生们很快找到"我懂得母亲没有说完的话。妹妹也懂。我俩在一块儿，要好好儿活……"这几句话，并且通过两两对比阅读，捕捉到全文情感的高潮，进而主动靠近这种语言的艺术和人性的光华。

最后，我的评课总结是：两位老师的课都紧紧围绕一个"读"字。的确，语文教师这个职业，就是和孩子一起读书的事业。在读书过程中，学生和老师对世界的认知和审美，其人格和心性的塑造，其内心浪漫和诗意的诞生……都在默默地完成着。做语文老师真是天底下最幸福的事情！

真实客观是评课的基本原则，要指出课的缺陷和短板，更要指出课的优点和长处，坚定教师的教学自信，激发其教学潜能。语文课的评课，最好再有点"书卷味"，以儒雅纯正的文化气息影响人，以灵气勃发的语言魅力感染人，让人听得主动、听得愉悦、听得振奋，听后大有嚼头，有点醒的感觉。这也是评课的温度所在吧。

作文之探

文值意识培养是作文的种子

学生进行作文训练的目的是什么？教师开展作文教学的目的是什么？有人说是提高学生考试分数，这并无过错。但是，将作文的全部价值沦为一个分数，学生就会陷入为"分"而文的功利化误区，只能写出与生活脱节的、虚假空洞、华而不实的应试性文章。还有人说是提高学生写的能力，这也很正确。但是，将作文的价值单纯归结于写的能力时，我们又发现作文技巧满天飞，作文教学走到唯方法论的路上去了，学生囿于文字游戏中痛苦不堪。那么，作文训练的价值到底在哪里？如何以文值意识培养激发学生的写作动力？这值得我们反思。

一、发现生活，修炼自己

生活是写作的源泉，观察是捕捉生活的途径。对身边的"生活"，眼睛看到了，耳朵听到了，但心灵却丢失了，这是多数学生的普遍问题。观察主要依赖人的感官体验，发现则主要依傍人的心灵。一件事情有没有意思、值不值得回味与记录，起决定因素的不是事件本身，而是内心的感悟、感受。作者大都是在对进入眼帘的人、事、物"怦然心动"之后，才会集中注意力观察，并把心灵的世界捕捉下来，呈现出来。特级教师管建刚说："发现意识的内涵，是要帮助学生修炼

作　文　之　探

出一双内视的眼，在心灵的世界里回望与咀嚼。发现是视觉的突破，也是观察的突围。"由观察到发现，是学生心智成长和成熟的表现。

譬如，语文教师组织开展了一次学生"诗词大会"，然后让学生写一篇日记。有个学生在日记中写道：

主持人在活动结束时说："现在，让我们全体起立，共同说一声——老师您辛苦了，谢谢您！"这时，语文老师的眼圈红了，泪水流了下来，她顺手拢了拢头发，掩盖了自己的"失态"。看到这一幕，我的心里也酸酸的，禁不住流下了热泪。是啊，老师每天都要把一首诗词工工整整地抄写在黑板上，让我们抄写、背诵。开学到现在，我们已经学会了二十多首诗词。为了组织这次活动，老师中午都没有回家，带领几个同学布置会场，还用自己的钱买了奖品。而我们仅仅一句"老师您辛苦了"，就让老师感动得热泪盈眶。老师，您多么的无私，多么的伟大啊！

相信，这个班级的学生对于这次活动有各自不同的发现，他们都在对现场各种信息进行甄别、过滤，提取最有"意义"的素材，并用文字表述自己的心灵呼应。在这个过程中，他们又会不自觉地回望自己的过往，做出对自己过去价值判断、思想认识的纠正、修补。每个人都有两个自我，一个是外在的、社会性的、变形的我；一个是内在的、本质的、真实的我。作文就是由外而内发现自我，抵达心灵的过程，就是一次思想的小"涅槃"，精神的微成长。一路修行学作文，一路修行学做人。内心世界的丰富，精神的成长，才是作文的要义。写作并不能使每个人都成为作家，但能帮助你成为一个完整的人。当学生明白作文的意义远大于"分数"本身时，也就把学生引到作文的"道"上了。

二、保存记忆，温暖自己

作文是对生活和生命的真实表达。写一篇作文就是一次心的旅程的印记与刻录，是一次与无法回转的自然时序的对抗：时序消逝生命，文字追溯生命。作文用文字尘封起一段人生，是"人"存在的证明。"生命不过是一场记忆。"文字记载记忆、保存记忆、深刻记忆。当学生明白作文是自己生命喜怒哀乐的见证，是给自己消逝的童年营造一个永远的精神之家时，作文就从冰冷的分数里跳跃出来，暖和起来。作文是"人"之外塑造的又一个自我，影子是黑的，冷的，文字带着作者的体温取暖作者。人本质上是孤独的，谁会拒绝自我温暖的抚慰？

可是，我们把作文当成了"作业"，把作文本当成了可以随手丢弃的练习本。我们要让学生感受到作文的温暖价值。一学期、两学期、三学期，小学、初中、高中，学生把自己的作文本子收集起来，就是一部记录学生生命轨迹的无价之书，是为学生保存了一份永不再来的童年。如此这样，学生一定会对作文的价值有新的认识。这种认识将使他们对作文产生依恋和感恩的情怀，更加重视写作、珍惜写作、热爱写作，而且其潜在价值和意义注定将在未来释放。

人都有这样的体会：当我们进入成年、暮年后，少时的文字，哪怕是只言片语，都显得弥足珍贵。这不是文字本身的价值，而是那段历史的印记。那个在晚年愈发爱惜身体的百岁老人——杨绛，守着清冷的风，伴着漂白的墙，一个人默默地纵横在文字的世界里，沉醉不知归路，直至"雪上空留马行处"！若是我们能为学生留下一部成长之书，当学生到了30岁、40岁，乃至80岁时，仍然能从容地领略"会当凌绝顶，一览纵山小"的深邃，能生抱着文字的炭火慢慢变老，那岂不是人生之幸？

三、见诸读者，启迪他人

作文不仅是讨好取悦自己的，也是启迪受益于读者的。作者最终是为读者存在的，作文最终是为读者存在的。一篇不产生价值和意义的文章，是无法唤醒人的写作责任感、光荣感和使命感的。然而，我们的学生却几乎从来没有体验到来自读者所生成的文章的价值和意义带来的无上光荣：学生的作文没有更多的读者，唯一的读者是教师，一个霸权的评判者。学生的作文被看成是作业、练习，不被看作是有分量、有价值、有更多读者要去阅读的作品。科学家在思考着他认为当下重要的事情，十来岁的小孩子也在思考着他认为当下重要的事情，每一个人都在思考着在他看来是当下最重要的事。当学生把他认为当下最重要的情感和思想写出来，交给老师，却被当作小孩子无谓的涂鸦、练习和作业。这种伤害一经成立，作文的严肃性、神圣性和幸福感也就从学生心灵深处一点一滴地分离，抽去，剥落。缺席读者的作文教学行而不远。

写作教学得不到根本突破的原因之一，是我们没有或者说没有很好地践行一种理念：没有读者的写作是没有生命的写作，没有读者的写作教学是没有生命的教学。白纸黑字的作品是"死"的，当作品和读者见面，读者就给作品注入了生机，同时也给作者注入了生机。我们要搭建学生作文读者群的平台，让班级学生互读，邀请家长读，放到学校读，发到网上读，投给报刊进一步扩大读者面，或者邀请专家审读，等等。无论哪个层面的阅读，都会激起读者与作者的对话，口头的、书面的，肯定的、否定的。无论哪一种对话，都会使作者强烈地感到：我是作者，我的作文有读者。

当学生的"读者意识"一旦苏醒过来，写作行为就会呈现出自我的"读者关照"。学生在写作中，会自觉地以虚拟读者的形象来审视自己的写作，而不会在文章落下最后一个标点后，就万事大吉。"文章千古事，得失寸心知。"学生为了捍卫为文者的尊严，为了对读者负责，为了给读者留下些什么，会认真地反复修改，尽量少一些缺憾，多一些完美。这大概就是夏丏尊先生把"读者意识"看作是写作上的重要技巧的缘故吧。

北京大学中文系教授陈平原说，一辈子的道路取决于语文，准确、优雅地使用本国语言文字，对于任何一个国家的任何一个人都很重要。学生时代学过的知识，很多可能一辈子都用不上，但是读和写将伴随一生。大学生毕业找工作，要写推介信；当个普通职员，要写工作总结；即使在企业打工，也少不了要写各种文案等。作文是人生须臾不可或缺的能力。"文值意识"播下的是一颗美妙的写作的种子，未来只要有适当的土壤和阳光，秘密隐藏的它依然会复苏，发芽，自我成长。

读写结合的三种范式

　　阅读是提升写作的重要途径。有人说：学以为耕，文以为获。读是基础，是先导，没有读的"耕耘"，就没有写的"收获"。所谓"读书破万卷，下笔如有神"，许多名作家几乎都是阅读了大量的作品后，才有高水平的作品问世。语文课本作为经典文章的集合，在日常教学中占了很大比重。然而，学生们读了那么多文质兼美的课文，包括丰富的课外读物，写作文还会犯难。为什么？一个主要原因就是忽视读写结合，阅读教学中的读只是读，写作训练中的写只是写，读写两张皮。那么，怎样实施有效的读写结合，达到以读促写的目的呢？

　　一、由读到写的点式言语训练

　　作文训练的根本是言语训练。我们要借助课文，找到言语训练的结合点，把言语训练落实到阅读教学过程中。譬如，《聂荣臻与日本小姑娘》一文中，有一段典型的细节描写："他抱起那个婴儿，（用脸轻轻地）试了试她的温度，找乳娘给她喂奶。他又牵起那个（五六岁的）孩子的（小）手，（亲自）给她削水果，还叫炊事员（专门）煮了（稀）饭，（亲自用小勺一口一口地）给她喂饭。"不少教师都会在阅读教学中让学生领悟括号内细节描写的作用，但这仅仅是停留于读的层面。怎样进行读写结合的言语训练呢？教师不妨先把括号中的关键词语漏掉，学生听后感觉表达效果截然不同，然后回归原文反复朗读。这样，学生对细节描写的作用了然于胸，也进一步明白细节描写就是把人物动作分解开，写得更加具体生动细腻。

言语表达的方法有了，教师就要抓住机会，顺势利导，迁移到写：假如，放学后，你回到家里，妈妈看到你的脸很红，神情很低落，她会说些什么，做些什么？请参照上文（《聂荣臻与日本小姑娘》）的细节描写方法写一段话。下面是一个同学的当堂练习。

妈妈看我的脸色不对，急急地走过来，扶着我的肩膀，用额头轻轻地触在我的额头上，她惊讶地说："有点发烧，走，赶紧去诊所。"妈妈带我从诊所取药回来，接了一杯水，自己先呷一小口，试了试温度。她把一粒药丸送到我的嘴边，又把温开水送过来，看着我一粒粒地吃下，紧张的脸上才露出欣慰的笑容……

这样的点式言语训练，不仅强化了学生对文本的认识和理解，而且由于具备现成的模仿资源，言语训练很容易上手。同时，在这样的读写结合训练中，学生会感受到"文本"的言语价值，产生读的兴趣和写的冲动。

二、由读到写的线性方法训练

阅读教学的目标不是建立在"是什么"的基础上，而是建立在思考"为什么这样表现"和"怎样表现"的基础上。有些课文的写作特点、表现方法，对学生写作具有极强的示范和引导作用。教师要通过读写结合的方式，激活文本"表现"的知识，并达到深化、丰富、运用的目的。譬如，《军神》一文的人物神态描写贯穿其中，对表现人物性格发挥了重要作用。这是阅读教学所必须关注的，也是写作训练应强化的"表现方法"。如何实现读写的有效结合呢？不妨把"写"

作为阅读活动的一种载体，一种推进策略。比如，让学生按照"手术前，手术中，手术后"的顺序，把展现沃克医生和刘伯承神态描写的词语摘录下来。

沃克：头也不抬，冷冷地，惊疑，审视，目光柔和了——眉毛扬了起来，用教训的口气，怔住，竟有点儿口吃，双手却有些颤抖——失声嚷道，脸上头一次浮出慈祥的神情，注视着。

刘伯承：微微一笑——平静地回答——脸色苍白，勉强一笑。

学生整理的过程，既是阅读的深化细化，又是写作方法的潜移默化。此时，教师可进一步追问：为什么要写沃克神态的"多变"和刘伯承神态的"不变"？怎样去写二者"变"与"不变"？"变"与"不变"突出了什么？以达到对"神态描写"方法训练的强化。

任何一篇文章可借鉴和挖掘的读写资源很多，譬如开头如何破题，结尾如何点题，如何过渡衔接，详略如何安排，语言风格如何，等等。具体到一堂课，面面俱到显然不大可能，教师可根据课文内容选取一两个方面，通过划一划、读一读、抄一抄、背一背、仿一仿、写一写等教学策略，实现由读到写的知识转化和能力迁移。

三、由读到写的整体篇章训练

把课文或精美时文作为"范文"，进行篇章写作专题训练，或者把文本材料当作"积木"，在文字的不断"变形"中，进行专题训练。譬如刘绍棠先生的《师恩难忘》，是苏教版小学五年级的课文。全文仅 630 余字，结构单一，语言平实，内容贴近学生生活。这样的作品最易于学生比葫芦画瓢，进行以"感恩"为主题的整篇仿写。但是，这样的写作训练必须先充分研读文本，理清文本的写作特点，再结合学生实际加以有效的指导。以此文为例，要让学生做到三方面的借鉴。

我的语文教学之悟

第一，抓住文眼"恩"，明白写什么。课文主要写"他口才、文笔都很好"，以及对"我"走上文学道路的影响。学生们在写类似感恩主题的文章时，也应把"感恩"的内容具体化，找到一个小的突破口。

第二，以一两件真实具体的事例反映所受之"恩"，学会怎么写。课文主要写了老师给学生们上课和讲故事两件事，特别是把讲故事这件事写得绘声绘色，而且先具体后概括，"我在田老师那里学习四年，听了上千个故事，这些故事有如春雨点点，滋润着我"，增加了文章的厚度。

第三，要融入自己的感"恩"之情，努力写得好。学生们写作文常常是"写山就是山，写水就是水"，课文在写讲故事这件事时，融入作者的感受："我听得入了迷，恍如身临其境。田老师的声音戛然而止，我却仍在发呆，直到三年级的大学兄捅了我一下，我才惊醒。"这就使老师的"口才、文笔都很好"得以突出体现。又以回乡见闻"有一年我回家乡去，在村边遇到了老师，他拄着拐杖正在散步。我仍然像 40 年前的小学生那样，恭恭敬敬地向他行礼。谈起往事，我深深感谢老师在我那幼小的心田里，播下文学的种子"，突出作者对老师的"感恩"之情。

读是写之源，写是读之继。读写融合的语文教学，才是不撕裂不偏狭的应有的语文教学。在读的过程中，融入写的因子，有助于阅读思维的缜密和深入；在写的过程中，不断借助读的经验和感悟，有助于写作实效的达成。语文教师要善于挖掘有效的读写结合资源，通过不同形式的读写训练，让学生写上一手好文章。

把握作文教学的"三环节"

　　著名语言学家、语文教育家吕叔湘先生说："语文教学的目的就是让学生学会使用祖国的语言文字。"张志公先生说："写好一篇文章可以作为语文教学的终极目的。"作文教学的重要性不言而喻。但是目前的作文教学中，由于没有现成的教材，部分教师又缺乏写作经验积累，存在着"有训练没指导，有指导没督导，有督导没反馈"等现象，学生作文训练处于低效状态。如何克服这一"顽症"，需要从作文教学入手。

一、写前指导

　　没有指导的作文训练是低效的。常见的作文教学状态是，教师把作文题目一布置就万事大吉，结果是三分之一有天资的学生可以较好地完成，三分之一的学生可以勉强应付，其余三分之一的学生咬着笔杆，不知道如何下手。这样的作文教学败坏了学生写作文的胃口，所以做好写前指导就很有必要。

　　第一，要给学生"会写"的正念。著名青年教师王郡曾提倡"写法即活法"——"你怎么写，你就怎么活；你怎么活，你就怎么写"。写法与活法，天然沟通，相互成全。这就是说，作文是生活的真实表达，事情怎么发生的就怎么写，内心怎么想的就怎么写，印象最深刻、感受最鲜明的就是重点。作文既不神秘，更不可怕。只要用心用情生活的人，都是天生的作文高手。要增强学生写作文的信心，千万不能让学生瞎编乱造，因为瞎编乱造其实是很困难、很枯燥的。只要打破了学生怕写作文的思想壁垒，学生写作文就能逐渐上手，产生写作文的兴趣。

第二，要给学生"写对"的规范。作文是在说和写两套语言体系中的变换，但这一转换对小学生来说具有一定的困难。教师要引导学生把想说的话找到合适的书面用语来表达。在表达的过程中，要根据句意和语气正确地使用标点符号，做到文从字顺。要学会把一个层次的意思说完后，自然进行分段；把不同层次的意思，通过关联词语或句子做好段与段之间的衔接，做到文意连贯。要把先想到的写出来就是开头，最后想到的写出来就是结尾，做到首尾响应、结构完整。踏踏实实地由字、词、句、段，形成篇章。把内心想表达的写明白、写清楚，让"别人"看了能够"知道"，而不是仅仅自己知道，这是写作文的基本要求和规范。

第三，要给学生"写美"的诀窍。作文显然不像写请假条那么简单，不是把事写明白、写清楚就可以了。作文是艺术，要文质兼美，使人受到美的感染、情绪的调动，进而产生心灵的震颤、思想的影响。"写对"只是停留在让人"知道"的层面，而"写美"就升华到让人"感到"的层面。比如，"我好痛"——读者只是"知道"；"我像针扎一样痛"——读者就能"感到"了。教师要善于在大量阅读、写作实践经验积累的基础上，提炼、概括出写作的方法，结合作文训练的侧重点，给学生以针对性的指导。譬如，如何把一件事、一个动作写得更加具体生动，如何把景物描写得细腻有情感，如何使语言更加变化多姿、富有魅力，等等。

二、写中督导

写作是一项艰苦的劳动。如果教师仅仅把作文题目布置了，写作方法指导了，然后就万事大吉，让学生自由去完成，这依然不够。还需要对学生创作热情的激发，对学生创作困难的帮助。如果缺乏对过程的督导、指导，就很难保证所有的学生都能在限定时间内完成一篇作文。

第一，要营造激情作文的"场"。课堂作文必须限时完成才能激发学生的创作激情。一般来说，40分钟内，小学生要完成500~600字的文章，初中生要完成600~700字的文章。如果没有时间的限制和要求，当学生在课堂上不能完成时，课余时间再写简直是个美丽的托词。离开写作文的"场"，既保证不了质量，又容易让学生养成拖沓应付的毛病。所以，教师要在学生作文过程中，密切关注学生的写作速度、进度，及时发现典型，表扬鼓励，形成你追我赶、快速作文的氛围。

第二，要做好对文困生的"帮助"。学生作文时，其思想高度集中，精神高度紧张，但总有人快一点，有人慢一点，甚至还有人打不开思路、无从下手。教师要正视学生作文水平的差异性，善于眼观六路、耳听八方，及时发现作文困难的学生，悄悄走到其身边，了解其困惑，进行个性化的启发诱导，使其尽快打开思路，进入写作状态。当别的学生都在"沙沙沙"地写作文时，那些咬着笔杆的学生是很痛苦的。教师要及时帮助这些学生越过这个"坎儿"，使其进而登堂入室，这是教师的职责所在。

第三，要及时做好写作过程的"总结"。教师往往只关注学生写作的结果，即一篇文章呈现的内容优劣。其实，过程比结果更重要。

学生写作的状态是轻松从容、积极流畅的，还是艰涩困难、挤牙膏式的，这反映了学生作文的心理品质和思维品质。教师要及时对学生的课堂作文过程进行总结，大张旗鼓地表扬学生作文时的积极状态，引导学生体验创作后的精神愉悦和成功感，这是激发学生作文兴趣的关键。

三、写后反馈

学生在课堂上完成一篇文章后，都有一种得到教师肯定、赞扬的心理期待。教师要认真地做好学生作文批阅，做好批阅记录，把学生作文的闪光点、存在的问题等一一记录在案，为作文讲评课做好充分的材料准备。然后，认真地梳理归纳，做好评讲课的备课工作。最好的作文讲评课不是批评课，而是展示课。让学生作文的闪光点最大限度地得到展示，使学生的辛苦创作得到教师积极的回应，增强学生再创作的信心和热情。

第一，肯定优点最大化。一是范文展示。把整篇作文写得比较好的当作范文进行展示点评，每节讲评课 3~5 篇。二是分类展示。把好的开头、好的结尾、好的过渡、好的语言、好的标题、好的标点、好的书写等，分门别类加以展示点评。只要学生作文有闪光点，都要给予肯定和表扬。力争在四次作文讲评课上，把每个学生的作文都表扬一遍。还可以创新表扬方式，譬如，把优秀文章作为"佳作共赏"悬挂出来，把学生作文的优美语言作为"妙语集锦"整理出来，给作文速度最快的学生冠以"作文快枪手"的美称，给作文内容最长的学生冠以"我最有话说"的荣誉，等等。教师看似不经意的夸赞，能让学生发现自身作文潜能，甚至达到如醉如痴、"走火入魔"的境地。教师不要怕讲评课耽误时间。没有讲评课，就很难碰撞出学生作文的火花，就很难点燃学生作文的兴趣，当然也难以实现作文水平的真正提高。

　　第二，指出问题归纳化。学生作文中存在的问题各有不同，教师要善于总结归纳，把有代表性的问题找出来，一次讲评课集中解决几个关键问题，慢慢地问题就越来越少，写得就越来越好。譬如，有些学生在文章开头常常会用"你想听听是件什么事吗？那我现在告诉你"，这样的句子啰唆拖沓，毫无表达意义。教师要通过个例的形式展现出来，让学生共同解决，然后总结修改方法，使类似的问题今后不再重现。学生作文中的问题不能回避，但都拿来一一点评，不仅时间上不允许，而且学生也记不住，解决不彻底。

　　第三，提升水平修改化。学生作文只讲评而没修改，就没有提高。教师讲评结束，要给学生预留三五分钟时间，让学生根据老师对作文的批改和讲评内容，找出作文中的毛病，进行修改。不管修改的或多或少，修改得是否完全到位，学生有修改的意识就是进步和提高的开始。有时，也可以重写。优秀学生可以写同题作文或变题作文，中档生可在原有基础上进行深度修改，一般学生能够模仿优秀学生的作文。这是提高作文水平的重要途径。

　　写作是一个人的成长，成长是个缓慢的过程。作文教学急不得，要抓住每一次课堂训练，切实做好"写前指导——写中督导——写后反馈"三个环节，形成作文训练的闭环效应。这样循序渐进，一定会有所突破，有所收获。作文教学不要一味地"贪急""求新"，急功近利下的"求新"容易让作文教学变形。

作文不可无趣

长期以来，中小学生作文训练尤其强调意为笔先，认为立意的高低决定一篇文章的优劣。作文内容要积极健康向上，这本是正确无疑的。但过分追求立意的崇高，严格保持"中规中矩"，难免使学生作文普遍缺乏更具活跃的、多元的、自由的思想市场。若思想无市场，则作文无趣旨。思想之美，在于独立与自由，在于多元与竞争。一旦舍弃了这些本就具有的天然之美，走上某种政治正确或思想一律的"独木桥"，正如让少年成天紧绷着脸，假装正经，自然无趣得很，也就更难言美感。

一、尊重童心

儿童，是人生的开始；童心，是心灵的本源。中学生毕竟离童年不久，叙述类作文必须要有儿童本位意识，呵护童心，留住天真。以儿童视角去写作文，才会个性鲜明，生机盎然，趣味无限。晚明杰出思想家李贽说："天下之至文，无有不出于童心焉者也。"他的"童心说"，是指表达个体之真实感受与真实愿望的"私心"，主要以此反对"文必秦汉，诗必盛唐"的复古主义理论。但他阐述的存"一念之本心"，认为文学必须真实坦率地表露纯净真实的内心情感和人生欲望，这对我们的作文教学很有启发意义。

作 文 之 探

譬如，小学四年级学生写的一篇日记《恨入骨头》：

想必你也有可恨的人吧。你猜一猜我恨的人是谁？对，就是×××。

×××是一个女生，别看她每天一脸笑容，她可是我们班上大名鼎鼎的暴力女！她以前在×××小学上学，刚转到我们班。

不知怎么回事，是我打她了？骂她了？她刚一转到这里，就每天打我、踢我。直到现在，×××还是打我。

今天下午第三节课，×××再次来到我的位上，拿着我的帽子打我。因为我受够了这种待遇，我要跟她打一架！

咚咚咚，打的不分上下！

老师来了，别人把事情告诉了老师。我的心也踏实了，因为我在理！

最后，我只想说一句话，我恨你，×—×—×！

这位小作者的认识也许存有偏颇，文章的思想性也显然达不到成人的要求标准，但其用词、用语，包括标点符号，无不流露着一个少年的心迹变化和真实感受。这样的文章，能说是糟糕透顶吗？事后，我与小作者沟通："你的同学真的让你恨之入骨吗？"他微微一笑，显然那个"恨"并非真正意义上的"恨"，甚至只是少年间的一种嬉戏。他用儿童的语言系统，把这种"恨"写得率性、灵动、幽默。说真话，写真事，抒真情，这本是作文的法则，而有时却在教师唯思想观的优劣标准左右下，统统变了形、走了样。

散文大家汪曾祺的《我的家乡》也有一处经典的写法，他写道："我在小学的教务处地上发现几个特大的蚂蟥，缩成一团，有拳头大，踩也踩不破！"这句"踩也踩不破"虽是儿童的恶作剧，却在这里童趣十足，令人欣喜。因为孩子既惊讶于蚂蟥之大，又要去研究它的身体结构和生命力，用这种虐待方式去玩弄它，了解它，最淘气，最鲜活，最孩子心性。试想，成年人忙忙碌碌，哪有什么闲情逸致去"踩也踩不破"地踩蚂蟥呢？

二、赏识童言

童言无忌。童言最真实、最纯净，最没有世俗观念的污染，最排斥狭隘的功利性。我们说童言的绝假纯真，并不是强调事实上的绝对真实。相反，因为儿童的生活经验不足，逻辑思维不强，童言中个人感受的因素很突出，任性随意，但想象力之丰富，让人惊叹。

譬如，在一次作文课上，老师布置的说话作文题目是《梦》。一个小男孩怯生生地举起手，站起来说："每当黑夜降临，我总会做一个梦，变成一只老鼠，偷回……"没等说完，孩子们一阵哄笑。这位教师好心地说："我们的梦应该是崇高的、美好的，不能是丑恶的。"于是这个小男孩哭了，哭得挺伤心。

多年之后，那个当年的男孩给语文老师的一封信中，把当年没有说完的"说话作文"写给老师：

我想变成一只老鼠

偷回冬的光辉

还给迷人的金秋

盗去春的鲜花

装扮夏的风流

我想成为一名绝世大盗

把世间的黑暗统统偷走

哪怕寒风把心刺痛

我也决不缩回已伸出的"黑手"

多么奇特的想象，多么美好的心灵！白发苍苍的语文老师追悔莫

及。这个故事给语文老师敲响了警钟，写作一定要呵护赏识最可贵的童言。无忌的童言就是真实的佳作。

再如，一个学生随笔中的"表弟"，语言更是肆无忌惮：

我们一大家子去参加奶奶的寿宴，上寿包的时候，表弟问："我们为什么要吃这种像屁股的寿包？"他的爸妈听了脸色大变，可是还没有完，表弟接过寿包，掰开看到里面的豆沙，又大喊道："奶奶，快看！里面有黑大便！"

按照成年人的礼仪习惯，在婚宴寿宴上不应该有如此"不美""不雅""不宜"的禁忌用语。可是，孩子完全破坏了这些所谓的规矩，这样独特的表述风格让人又惊又喜。这就是孩子的语言，想象奇特，天真无邪。

三、涵养灵性

儿童天真好奇，在儿童的眼里，世间万物都是新奇的，都是有生命的。儿童世界，是一个童话世界。我们要有意呵护儿童的这份灵性。

譬如，周日晚上，儿子做完作业，似乎一下子逃出牢笼，自由轻松得边舞边唱起来："今夜晚风吹，今宵多珍贵。兄弟相聚是幸福滋味，笑容与泪水，从容地面对，把酒当歌笑看红尘我们举起杯……"我有些瞌睡，立即叫停："别再扯喉咙卖嗓子了，赶紧睡觉去吧，明天要上早学。"

"爸，你不知道，我有个音乐梦。上课时，黑板上的字就像音符一样，课本上的文字就像歌词一样，我完全沉浸在音乐世界。有时，我忍不住哼唱起来，老师和同学都很讨厌我。"

五年级的小屁孩儿不假思索地蹦出这样一段话，比喻手法新颖贴切，语言光彩熠熠！那个"忍不住"更是极具表现力，甚至那个"讨厌"也让人爱恨交加。这就是孩子的灵性，有童心当然出童言，出童言自然显童趣。

我没敢再打击他，耐下性子引导道："你真是个十足的歌迷，狂热的音乐发烧友。但课堂上唱歌，影响学生的学习和老师的讲课，这样可不行！"

"关键是我太爱音乐了，音乐就是我的梦想。你知道我上幼儿园时，幼儿园要举办文艺演出，我唱了一首《好大一棵树》，唱一半，忘歌词了，我站在台子上哭了。夏爽和另一个同学把我拉到他们身边，又把我逗笑，我一下子感到了同学的温暖……"儿子说着竟抽泣起来。

在接下来的聊天中，儿子道出许多与唱歌有关的感人故事。这不是一次很好的写作契机吗？经过引导，儿子坐下来一会儿工夫就写出一篇童心飞扬的文章——《我的音乐梦》。

其实，一些文学大家在写作时，也时常流露萌萌的率性天真，表述鲜活灵动，充满奇思妙想。著名散文家林清玄的《开在心田上的百合花》，文章赋予百合花以生命，让百合花会说话、有想法，以童话般的语言展示了百合的品性，蕴含了作者的思想感情。尤其是"我要开花……"这段话清新质朴、意味深长，富有灵性，深受学生喜欢。我们的学生作文怎么可以遗失心灵的本源呢？

受考试指挥棒的影响，作文教学越发急功近利，常常以成人思维方式的命题，压抑学生的思想和思维，扼杀儿童纯真的天性举动，其结果是学生不会写作文，只好去瞎编，丢失了童真童趣。尤其无视现实生活去追求选材新颖，远离心灵感受来达到立意崇高，导致了平庸乃至恶俗之文层出不穷。要改变这样的现状，就要有思想自由的胸怀，尊重学生对生命的敏锐感觉，努力发掘、培育、呵护孩子纯净透明的童心；就要在写作理念上回归本源，倡导和鼓励学生说真话、写真事、抒真情，激发学生写出童心洋溢的文章。

一句话，做人不可无趣，作文同样不可无趣。

作文之探

构思独特，材料求新

　　创新是一个民族进步的灵魂。在大力提倡学生创新精神和实践能力的今天，通过作文教学引发学生进行积极的创造性思维，使学生在有话可说、有事可叙、有情可抒的基础上，写出令人耳目一新的文章，这是摆在我们语文教师面前的一个非常迫切的、重要而艰巨的任务。那么，如何指导学生写出有新意的文章呢？

　　一、发散思维，拓展思路

　　当学生拿到一个作文题目后，要开动脑筋，调动自己的认知经验，从不同角度去思考"写什么""怎么写"，在多种方案的比较中，选择最满意、最切合自己的一种。这种积极的发散思维，有助于学生拓展思路，写出更有新意的文章。

　　以作文试题"珍贵的礼物"为例。

　　第一种构思：把"礼物"理解为物质的东西。如生日收到的纪念品、老师送的名著、同学送的钢笔等。只要是真实发生的、有真切情感体验的，都应当鼓励，并且学生也乐于表现。

　　第二种构思：把礼物理解为精神的"礼物"。如母亲对"我"的理解，是"我"15岁生日时收到的珍贵礼物；父亲的一句赠言是"我"成长道路上的精神支柱，是给"我"的珍贵礼物……

第三种构思：把礼物理解为"我赠送的礼物"。如我以优异成绩作为献给母亲的礼物，我以执着努力作为献给"五四"青年节的礼物，我们献出爱心表达对贫困少年的关注关爱，这是送给他们的一份珍贵礼物……

第四种构思：在"珍贵的礼物"统率下，并列叙写三份珍贵的礼物。如在我生日时，我收到了来自父母、老师、同学的三份不同的礼物，表达了他们不同的美好祝愿和希望。又如在我争取入团的日子里，我献上了三份礼物：第一份礼物，坚持真理，敢于讲真话；第二份礼物，团结同学，一起完成重要任务；第三份礼物，勇于进取，克服自满自足心理。

第五种构思：把一份礼物理解为蕴含着几份含义的礼物。如一同学写到，在她 15 岁生日时收到了一位男同学的充满感情的信，在被妈妈发现后，她给了我含蓄的微笑。这是学生在生日那天收到的两份珍贵的礼物，一份代表着同学的友情，一份代表着长辈的理解和信任。

第六种构思：这份礼物还可以从更悠长的历史中去寻找，写古人送给我们的礼物。把"珍贵的礼物"选择为古代先贤留给我们的文化瑰宝：唐诗、宋词、元曲。这是一份"凝聚万千灵魂与思想，将历史不朽与辉煌带向现代通道的，一份沉甸甸的精神财富"。

教师要引导学生遇到题目至少要产生三种写作构思，进一步强化发散思维的训练。其实，并非我们的学生不开窍，只是平常这方面的训练太少，甚至是有所忽视。

二、求异思维，写出新意

文忌"千人一面"，要学会避开常规思维，另辟蹊径，求异创新，写出"自己心中有，别人脑中无"的事例。要有"人家这样写，我偏

那样写"的意识，这种思维方式能帮助学生摆脱常见材料的束缚，进入求异思维的天地，获取新颖独特的生活细节。譬如，《掌声》一文，多数人写经过不懈的奋斗，终于取得成绩和荣誉，赢得响亮的掌声。这就很大众化。如果写自己遭遇挫折、失败时，老师、同学、家人的掌声，让自己重整旗鼓，最终取得成功。这就会收到"反弹琵琶"的效果。如果借鉴《把掌声分给她一半》的写法，去写一个"孙晋芳"式的幕后英雄，那就更会收到令人耳目一新的效果。

同学们在动笔之前，要对现成的材料打上个问号，问问自己："这样写有新鲜感吗"？是"从众"还是"出众"？这种思维方式会让你通过质疑问难，及时发现材料的"陈旧感"，写出"新名堂"。

要有"大胆联想，左右逢源"的意识。这种思维方式能开阔思路，产生出其不意的新奇联想，而且越联想越灵活，有利于对作文进行更大的创造。譬如，一个学生写教育的现状和对当下教育的反思，采取了"调研"式写法。他是这样开头的："春秋时期的著名教育家孔丘先生应我市张重教市长邀请，乘坐'鲁国一号'时空机莅临我市指导教育工作，受到了我市各级领导和广大师生的热烈欢迎。"紧接着，李尊师局长、王爱生校长先后做了学校工作汇报。这篇文章通过人物与人物的对话，巧妙地倾吐学生的心声，产生了强烈的变式美。

三、透视焦点，顺应时事

"文章合为时而著，歌诗合为事而作。"大凡反映社会热点焦点，体现时代特征和符合潮流的文章，都能引起人们的阅读兴趣，产生良好的读者反映。我认为作文有三个境界，第一个境界是对生活的反映和思考，第二个境界是对生命的反映和思考，第三个（最高的）境界是对社会的反映和思考。

譬如，当下"绿水青山就是金山银山"的环境保护和生态修复，到 2020 年实现全面奔小康的中国式扶贫，致力于乡村振兴计划下的农村面貌变化，以弘扬传统文化为主题的家风建设……着眼当代时事焦点，聚焦社会新风，经过自己的理性思考，通过最佳的突破口，选取具有时代特征的鲜活靓丽的材料。这也是材料新颖的极好体现，而且作文的立意也有了深度和高度。

这就要求学生放大人生格局，由"小我"世界走向"大我"天地。有梦想，有责任，有担当，有家国情怀，有敏锐的视角，能够深入社会，关心时事，把握时代跳动的脉搏。

"问渠那得清如许，为有源头活水来。"优秀文章离不开鲜活的素材。只有那些贴着地面飞行的人，才能在生活的万花筒和缤纷多彩的世界中，形成丰富的积累和沉淀，并通过独特的构思，构建出自己的华彩佳作。

守正出新说结构

　　写作文不是想一句写一句，更不是一个字一个字地往下写，要先做好构思，搭好框架，然后再补充具体内容。文章结构好比建筑风格，无论是中式的，还是英式的、意大利式的、德式的、地中海式的、北美式的，抑或是新古典主义式，都各有其美。如何使结构更好地支撑材料，让结构清晰、内容丰满、立意高远，形成骨肉与灵魂的统一体呢？

　　一、起承转合是基本

　　起承转合式结构，是写作的一种基本结构方法。在记叙文中，"起"是事情的起因和开端，即开头；"承"是事情的发展和过程；"转"是事情的转变或转折；"合"是事情的结果或对事情的抒情、议论，即结尾。下面以一学生的文章《春江垂钓记》为例，略做阐释。

　　某星期日，学校放假。吾谓友曰："时当春日，江水清澈，而江边之景又可玩赏。吾友可往江边垂钓否？"友曰："可！"乃持竿而行。沿途纵观春景，时则桃红柳碧，草长莺飞，顾而乐之。

　　【开端部分：先交代时间、地点和人物，指出事情的起因——春江垂钓；并以简要的景物描写"桃红柳碧，草长莺飞，顾而乐之"，既点明"春"，又突出人物心情——乐；为下文展开做好铺垫。】

　　不觉已至江边矣，余与友乃于垂阳下，选钓鱼矶而坐。则见浪花

我的语文教学之悟

四散，水天一色，真奇观也。友乃以手持竿，垂于江中。未几，钓线一动，手举竿，遂得一鱼，鱼屡跃而不得脱。余见友得鱼甚喜，余又持竿钓之，终日不获一鱼。友笑谓余曰："事必学而后能，垂钓亦犹是也！"余曰："然！当静心以学之。"

【发展部分：写春江垂钓之乐。写景色烘托心情，"浪花四散，水天一色"；写动作之专注体现心情，"钓线一动，手举竿，遂得一鱼"；写细节之精妙衬托心情，"鱼屡跃而不得脱"；写对话见感悟，"事必学而后能，垂钓亦犹是也"……详写"春江垂钓"的过程，突出一个"乐"字。】

余遂归，乃留友于吾家宿，遂将鱼烹而食之，味甚鲜美。

【转折部分：笔锋一转，到"余遂归——吾家宿——烹而食"。】

吾因谓友曰："今日得鱼之时，鱼跃亦可怜否？"友曰："彼贪饵而来，是自取也！然贪饵而致死者，岂独一鱼也哉？"

【结尾部分：以"彼贪饵而来，是自取也！然贪饵而致死者，岂独一鱼也哉？"收束全文，点明春江垂钓的所思所感，突出文章主旨。】

合理地运用起承转合可以使文章行文严谨，事理清晰，文章上下一脉相承；还可突出文章要表达的关键性情节，制造文章的曲折感，调动读者的阅读兴趣。

二、线索安排显匠心

线索是统摄和连缀各个场面、材料的纽带。它体现了各个场面、材料之间的内在联系，也能体现作者的思路。线索的类型，一般有实物线、人物线、情感线、主题线等四种。当你在构思谋篇选择材料时，就要同时考虑怎样安排一条贯穿材料的线索，并以之连缀各个场面，将情景与材料组合成有机的文章意境。

　　譬如，朱自清的散文《春》，全文以作者的思想感情发展为线索，围绕一个"春"字，按"盼望春天——描写春天——赞颂春天"的顺序展开，从而表达了作者热爱春天、热爱生活、积极进取的情怀。文章前后照应，结构严谨，既达到了衔接自然、天衣无缝的境界，又让人一目了然。结构犹如人身的"骨架"，是一篇文章支撑点的有机组合。文章结构混乱对阅读者来说简直是一场灾难，再好的内容和再漂亮的文字都难以表达作者的思想感情。

　　《春》以感情为线索，一线贯穿，情感逐步向前推进，最后得以深化、升华。这属于典型的线性结构。但"描写春天"这一中心部分，作者又变换一种行文笔调，变线型结构为板块结构，以五个特定镜头，推出"春草图——春花图——春风图——春雨图——迎春图"等五个板块。这五个板块，既有独立性，又有关联性，很好地突出了全文的重点。

　　这种线性结构与板块结构的巧妙组合，使文章思路清晰、一气相连，又跌宕有致、一唱三叹，实属结构美的典范。学生们在写作文时，要有结构意识，先给自己的文章画个结构导图。然后比一比，认真推敲，进一步调整修改。在需要一线贯穿时，就一条线索行文到底；需要板块叠加时，就把各个板块有机组合在一起。

　　三、文体别致是创新

　　以上两种结构是你中有我，我中有你。起承转合本身就体现了作者的行文线索，精心安排线索也必然符合起承转合的行文规律。这两种结构是文章结构的基本范式。怎样使文章结构更有新意呢？采取别致的文体当是文章结构创新的一种表现。

　　可采用文学类的小小说、戏剧剧本、童话、寓言、神话、故事新编、自述独白等，可采用实用文体的日记、书信、调查报告、会议记录、录音记录等，还可以融入信息时代的元素，采用网络跟帖、博客论坛、短信交流、采访报道、节目主持等。譬如，有学生写《给天堂里祖母的一封信》，表达对祖母的感恩之心和无限深思之情。这样的文体最能直抒胸臆，把感恩感动感念写得酣畅淋漓，读后令人动容；也使文章结构耳目一新，取得事半功倍的效果。

同样的材料，同样的主题，会因结构不同而形成风格各异的文章。这也正是文章结构值得重视的原因。不过需要提醒的是，文章结构的守正出新，离不开一些写作手法的配合。譬如，在记叙顺序中，适时地运用倒叙、插叙、补叙；在情节的安排上，采取欲扬先抑；在人物描写中，采取正反对比、正面描写和侧面描写相结合等。这些都离不开作者丰富的阅读积淀和写作实践。

如何让细节描写细起来

细节描写是记叙文的生命。然而，不少学生在写作文时陷入"大处明白，小处不见"的误区。他们不缺乏把某件事写完整的能力，而是缺乏捕捉细节、精笔细描的能力。这正如一棵大树，只有枝干没有树叶，或树叶只有轮廓没有色彩，读来自然会生涩呆板，单调乏味，缺乏感染力。要想把文章写得栩栩如生、活灵活现、如跃纸面，就需要善于观察人、事、景的细枝末节，抓住其主要特征，融入作者的真情实感，加以生动细致的描绘。

一、肖像描写特写化

特写就是用极近距离的观察，对人物肖像进行全景式的细致描写，或把人物肖像某一部位的细微变化特别放大，反映人物的性格特征，给人以深刻的印象。譬如，《红楼梦》中对王熙凤的描写。

这个人打扮与众姑娘不同，彩绣辉煌，恍若神妃仙子：头上戴着金丝八宝攒珠髻，绾着朝阳五凤挂珠钗，项上戴着赤金盘螭璎珞圈，裙边系着豆绿宫绦，双衡比目玫瑰佩，身上穿着缕金百蝶穿花大红洋缎窄裉袄，外罩五彩刻丝石青银鼠褂，下着翡翠撒花洋绉裙。一双丹凤三角眼，两弯柳叶吊梢眉，身量苗条，体格风骚，粉面含春威不露，丹唇未启笑先闻。

这段话把王熙凤的形象拉到读者面前，极言其衣着打扮的美丽华贵，外貌的俊俏张扬，为展现人物性格特征做了很好的渲染。肖像描写不必面面俱到，要抓住人物的主要特征和主要细节。如何抓？一个简单的办法就是，当人物出现在你眼前之后，你闭目思考一下人物的哪些部位给你留下深刻印象，那么这里就是描写的重点，并按照一定顺序，调动自己多种感官反映，进行精心精致的描写。

二、动作描写展开化

动作描写展开化，就是对事情发生的过程进行精准观察，把人物的一连串动作分解开，一步一步有条理地写清楚，生动形象地展示在读者面前。譬如下面这段动作描写。

罗纳尔多在中场挺身收腹，接住同伴传来的一记高球，习惯地用小腿轻轻地一颠，球魔术般地跳过对方防守队员的头顶。他飞速插上，以灵活逼真的假动作，带球一连绕过对方3名后卫的阻击，一直冲入禁区，巧妙避开已扑到跟前的守门员，侧身起脚，"唰"的一声，球应声入网。

这段动作描写如果不展开，那就可以简略地写为"罗纳尔多带着球，冲到禁区前沿，飞起一脚，把球踢进网中"。但二者对比，其表达效果的高下自见分晓。本来是十几秒钟之内发生的事，如果展开写就能写出一百多字，甚至几百字，给人如见其人、如闻其声的印象。这就是一展开就具体，一具体就生动，一生动就形象。如何展开？需要学生敏锐的洞察力，并把整个动作过程以慢镜头的形式一步一步地分解描摹出来。

三、对话描写神态化

人物的对话，对揭示人物内心世界和思想品质，均起着十分重要的作用。人物在对话时，常常会因其身份和情感变化，会有神态表情和动作的变化。对话描写要将人物神态描写、动作描写结合起来，才能收到更好的表达效果。

《军神》一文中有关沃克医生的对话描写有很多处，每一处都有神态描写。譬如：

医生沃克神情孤傲地端坐在桌后。面对患者，他头也不抬，冷冷地问："什么名字？"

…………

沃克放下笔，起身察看伤势。他熟练地解开了病人右眼上的绷带，蓝色的眼睛里闪出惊疑的神情。他重新审视着眼前这个病人，冷冷地问："你是干什么的？"

…………

沃克医生的脸上头一次浮出慈祥的神情。他想说什么却又忍住了。他挥手让护士出去，关上手术室的门，然后注视着病人，说："告诉我，你的真名叫什么？"

神态描写是无声的对话，具有"以外显内"的作用。如果没有对人物神态的细节描写，仅仅是人物对话的罗列，内容的真实感、丰满度就会大打折扣。

四、景物描写修辞化

描写景物需要绘形、绘色、绘声，仿佛使人看得见、摸得着、听得到，这就需要尽可能运用比喻、拟人等修辞方法，使语言生动形象，强化景物描写的表达效果。譬如下面这段环境描写。

街上的柳树像病了似的，叶子挂着层灰土在枝上打着卷；枝条一动也懒得动，无精打采地低垂着。马路上一个水点也没有，干巴巴地发着白光。便道上尘土飞起多高，跟天上的灰气连接起来，结成一片毒恶的灰沙阵，烫着行人的脸。处处干燥，处处烫手，处处憋闷，整个老城像烧透了的砖窑，使人喘不过气来。狗趴在地上吐出红舌头，骡马的鼻孔张得特别大，小贩们不敢吆喝，柏油路晒化了，甚至于铺户门前的铜牌好像也要晒化……

老舍先生在《在烈日和暴雨下》中的这段环境描写，运用比喻、拟人、排比、夸张等修辞手法，把天气的炎热写到了极致。景物是客观的、死板的、冰冷的，只有通过作者的眼见、心悟和丰富而多变的笔触，才能使其更直观、更具象、更有温度地展现在读者面前，体现更加突出的渲染烘托效果。

五、关键之处反复化

有时文章为了表达需要，常常把人物的某一神情、动作、语言、心理，甚至是人物所处的环境等关键性语句，在文章中反复出现，或突出人物的性格特点，或渲染内心情感。这也是细节描写的一种。譬如朱自清的《背影》一文，有关作者流泪的描写出现了三次。

第一次："我看见他戴着黑布小帽，穿着黑布大马褂，深青布棉袍，蹒跚地走到铁道边，慢慢探身下去，尚不大难。可是他穿过铁道，要爬上那边月台，就不容易了。他用两手攀着上面，两脚在向上缩；他把肥胖的身子向左微倾，显出努力的样子。这时，我看见他的背影，我的泪很快地流下来了。"

第二次："等他的背影混入来来往往的人里，再找不着了，我便进来坐下，我的眼泪又来了。"

第三次："我读到此处，在晶莹的泪光中，又看见那肥胖的、青布棉袍黑布马褂的背影。唉！我不知何时再能与他相见！"

抓住"流泪"这一细节，在不同的场景反复描写，把作者内心的复杂情愫描写得淋漓尽致，也使全文的感情达到了高潮。这犹如涂色，涂一遍不够，又涂一遍，再涂一遍，就收到浓墨重彩的效果。

细节描写是一种以小见大的方法。细节的分量虽轻，容量却大。富有活力的细节，带来的是厚实的生活感、独特的回味感、震撼的表达力，使文章更加生动传神、真实感人。要让细节描写细起来，需要我们做生活的有心人，大处着眼、细处着手，对事物做细致入微的观察，把触动内心的"生活符号"借助各种感官的体验，通过优美生动的语言，转化为具体有形的"文化符号"。

锤炼一手熠熠生辉的语言

"语言是文学的第一要素，也是一切文章的第一要素。"诚如高尔基所言，语言作为思想的"外壳"、文章的"外衣"，在文章表达效果方面有着至关重要的作用。生动优美的语言，宛如一首名曲，余音绕梁，三日不绝；又如一幅名画，令人心醉神迷，流连忘返。学生在写作文时眼高手低，内心所想却难以表达到位，主要原因是语言素养不够。

一、如何让语言摇曳生姿

1. 用词有灵动鲜活之美

词语是构成句子的基本元素。相同的意义可以由不同的词语来表达。一个呆板的词语犹如衣服上一个不合时宜的纽扣，会影响人的整体美；一个灵动活泼的词语有时就像一滴水彩，能为整幅画增添不少亮色。王安石的"春风又绿江南岸"的一个"绿"字，使全诗意境顿出，看来"炼字""用词"其意义非可等闲视之。

譬如，"早晨明媚的阳光柔柔地照着我的卧室，轻盈的小鸟在树上婉转地鸣叫。""早晨"一词是口语，改为"清晨"就趋于书面语，且有清新之感；"照着"显得僵硬，改为"洒向"就有灵动美；"鸣叫"是写实语言，改为"歌唱"就使小鸟人格化，增强了意境的鲜活性。因此，锤炼词语是语言增色的关键。

2. 句式有音韵和谐之美

汉语的句式变化多姿，有长句与短句，骈句与散句，主动句与被动句，肯定句与否定句，倒装句与正常语序句，单句与复句，等等。根据不同的语言环境选用不同的句式，能够使语言跌宕起伏，产生活泼明快的音韵和谐之美。

譬如，有学生在谈到学习语文的感受时，是这样写的："语文，如果可能，我干脆嫁给你得了！"如果按正常语序，应为："如果可能，我干脆嫁给语文得了！"二者的表达效果就相去甚远。这里有意把"语文"前置，起突出强调的作用；而且"干脆""得了"这样的口语显得多么爽快！彩礼都不要，跟着你就走了，这是对语文何等的挚爱情深！而另一位学生则这样写："与书相伴何时了？葬在一起可好。"这句话似乎是在套用"春花秋月何时了？往事知多少"，却推陈出新，一问一答，表达出了"生为语文人，死为语文鬼"的执着坚定！

3. 修辞有清新典雅之美

修辞的种类很多，作用也各不相同。比喻使句子生动形象，拟人使语言活灵活现，排比使句子气势贯通，对偶让句子精练和谐，引用使文章富有文采，等等。修辞是最好的语言包装。

譬如，"一直苦苦思索着你，追求着你，我心中的精彩语文。你给我清风与明月，你给我山光与水色，你给我碧海与晴空，你打通了我与自然的界限。伴着你，陶渊明的朵朵菊花点缀了朦胧的南山，龚自珍的片片落红幻化成软软的春泥，晏殊的独自徘徊落寞了通幽曲径，温庭筠的脉脉斜晖笼罩了悠悠碧水。"这段文字运用引用、排比、比喻等修辞，具有秀丽典雅之美。而且这里的引用是"化引"，展示了

作者的胸有沉淀，读来有春风拂面之温馨，甘露润喉之清凉，轻歌入耳之美妙。

4. 描绘有诗情画意之美

描绘性语言的表达效果，应该是激活人的多种感觉器官，让读者有如见其人、如临其境、如闻其声的真实感受。而这种境界显然还不够，要能营造出诗情画意之美，激发读者无限美好的遐想。

譬如，"漫步在梅林小径，独观此香雪奇观，我深深被她多彩多姿的魅力吸引了：白如雪，绯如桃，一枝独秀，数朵争妍。整片梅林里，弥漫着淡雅清香。更有流溪穿行其间，片片花瓣随流水，朵朵香雪逐清波。观此景，闻此味，宛如天仙挥长袖，嫦娥洒暗香。萝岗香雪的魅力，恰在于此。"这段文字生动传神地描绘了"香雪奇观"，既有强烈的视觉冲击力，又给人以听、嗅、触、娱等多方面的美感效应。真是"一笔入魂"，让人产生"按图索骥"的冲动！

5. 抒情议论有情感充沛之美

王国维说："一切景语，皆情语也。"语言之美更在于"情驻"字里行间。有道是，一纸文字满目情，情理交融抵心灵。

譬如，"我爱着语文，好多年。我还要一直痴爱下去，就这么狂热，就这么深沉，就这么无怨无悔！'有苦有乐，有笑有泪，有花有果，有香有色。既有劳动，又有收获。'这是老舍养花的乐趣，也是我教语文的乐趣吧。我看语文多妩媚，谅语文看我应如是。"这段文字，从对语文的真切感受出发，然后引出老舍养花的乐趣，两相对比，寓情于理，浑然天成。若非对语文爱之真切、深沉、痴迷，又怎能写出如此感人至深的文字？

我的语文教学之悟

174

6. 语言幽默有个性之美

相声、小品无不以语言幽默诙谐，让听众捧腹、深思。作文也不妨来点幽默风趣，一定会收到意想不到的效果。

譬如，"我从小就喜欢读书。开始，我读的是带拼音的童话书。年龄稍长，我'野心膨胀'，开始了我的'殖民扩张'……家人见我爱书如狂，怕我'玩物丧志'，于是宣布了种种禁令。"这段话将"野心膨胀""殖民扩张""玩物丧志"等贬词褒用、大词小用，既充满童真童趣，又彰显了"小书迷"的可爱形象。

二、如何提升语言素养

1. 要多读书重积累

古人云："读书破万卷，下笔如有神"，"腹有读书气自华"。语言非一日之功。要在日常学习和生活中，养成多读书、好读书、读好书的习惯，养成不动笔墨不读书的习惯。多读书，多摘抄，多积累。读书犹如吃饭，不见其增，却日有所长。读书多了，积淀丰厚了，语感强了，写文章时好词佳句自然就会从心底流淌出来。

另外，对中小学生而言，还要多学习群众语言，努力克服学生腔。譬如，"一天下响，豹子程照例去练跑，看热闹的伏在楼上形成一个圈。话说田径每天跑三十圈，只见六年级的精英没跑一半就乌拉哇啦直叫唤，好赛洗屁股的水烫着了。再看豹子程，好似操场上的一支笔，没一会儿就绘出一涡螺。"这段话写得通俗晓畅，有着浓厚的乡土气息。而有些学生下笔为文，总爱端起架子，为赋新词强说愁，语言呆板无味。

2. 要多仿写重创新

学习本身就包含两层意思，一个是学，一个是习。有学有习，才有进步。读书时，遇到一个优美的句子，一个精彩的段落，除了赏析

和积累外，更要去模仿和创造。譬如，"我很丑，但我很温柔"这是一个转折句式，结合生活就可以仿写出"我很笨，但我很执着"，"我很浅，但我很清澈"，"我很嫩，但我很精神"，等等。这仅是停留于一般层面的仿写，再深入一步，就可以仿写出"我不比你青春，但我比你阳光；我不比你有钱，但我比你健康；我不比你有权，但我比你快乐；我没有你有闲，但我比你充实；我没有你舒服，但我比你幸福"。语言学习就像练习书法，也要经过临帖、入帖、出帖的过程。

3. 要多探求重提升

语言构建是有规律的，要经常揣摩优美语言的特点，总结出可供借鉴的规律，才能促进自我提升。譬如，"懈怠时，语文告诫我：莫等闲、白了少年头，空悲切！失意时，语文鼓励我：山重水复疑无路，柳暗花明又一村。浮躁时，语文提醒我：静以修身，俭以养德。"这段排比，是通过时空变换，反复铺排，层层深入，表达了语文对人的思想启迪和精神陶冶。这也启发我们，要建构排比句式，还可以连续设问，在一次次的有问有答中，加强文意；还可以针对同一物连续设喻，以求穷形尽相。

语言的高低优劣、精粗文野、丰腴贫乏，反映了为文者的学识修养和语言基本功。所谓"天机云锦用在我，全凭文外下功夫。广采博取子自知，语不惊人誓不休"，正是强调了功在平时的重要性。

写好抓人眼球的开头和结尾

好的开头常常让人耳目一新、为之一震，好的结尾又往往让人刻骨铭心、回味无穷。古人写文章，讲究"凤头、猪肚、豹尾"。在文章开篇与结尾处，下点功夫，用点心思，作文就成功了大半。尤其在考试中，这也是博得评卷人"欢心"，以此取得高分的关键。现列举一些经典范例，以期给大家带来一定的启发和借鉴。

一、开头方法举要

1. 开门见山法

这样的开头，直接点题，不多加任何修饰，给人以干净明快、一气呵出之感。如：

"我与父亲不相见已二年余了，我最不能忘记的是他的背影。"

——《背影》

"最使我难忘的，是我小学时候的女教师蔡芸芝先生。"

——《我的老师》

2. 环境描写法

简洁的环境描写，可以为文章提供一个特定的背景，形成一种特殊的氛围，以烘托人物心情，推动情节发展。如：

"一个初秋的晚上，清风徐徐吹来，夜色迷人。"

——《离别的礼物》

"依傍绛雾氤氲的骊山，岿然屹立于临潼县东约十里处的山丘，便是秦俑皇陵。"

——《秦俑漫笔》

3. 议论抒情法

文章开头直接抒发作者的思想感情，或者表达作者的见解主张，更容易渲染气氛、烘托主题，达到以情感人、以理引人的效果。如：

"在朝鲜的每一天，我都被一些事情感动着；我的思想的潮水在放纵奔流着；它使我想把一切东西都告诉我祖国的朋友们……"

——《谁是最可爱的人》

"如果人生是一趟奔驰的列车，那么诚信便是不可缺少的轮子；如果说人生是一条航行中的大船，那么诚信便是不可缺少的背囊，它将伴你永远前行。"

——《诚信》

4. 引用法

开头引用警句、名言、诗句或俗语、谚语等，能增强气势，使人感到峥嵘、高远，达到吸引读者、突出中心的效果。如：

"蜀道上有个大名鼎鼎、令人闻之生畏的七盘关，此地是自古陕西宁强入川的必经咽喉要道。古诗有云'上有千仞岩，势欲压人顶。下有万丈溪，清欲摄人影。楼空石磴悬，延缘曲如蚓。自下而上上，仰视难引领。自上而下下，深疑入窨（yuān）进。惟第七盘雄，曲折赴危岭。'纵是未亲临其境者，读之也不难想见它的险势异常！"

——《感受七盘关》

"《韩非子》说赛马的妙法，在于'不为最先，不耻最后'。这虽是从我们这样外行的人看起来，也觉得很有理。因为假若一开首便拼命奔驰，则马力易竭。但那第一句是只适用于赛马的，不幸中国人

我的语文教学之悟

却奉为人的处世金针了。"

——《最先与最后》

5. 设置悬念法

开头设置一个悬而未决的问题,可以引起读者关注,激发读者兴趣,增加文章的曲折,显现布局之美。如:

"朋友,你到过我的家乡吗?你登过我家乡的山、游过我家乡的水、吃过我家乡的肥鲤鱼吗?"

——《我的家乡》

"我快要死了——我躺在病床上,四周黑漆漆的一片,十分寂静,偌大的房间里,只能听得见我微弱的呼吸声。"

——《感受生活之美》

6. 抑扬相衬法

开篇的感情基调和正文的感情基调相对或相反,使文章感情色彩丰富,九曲回肠,耐人寻味,艺术效果更强烈。如:

"花鸟草虫,凡是上得画的,那原物往往也叫人喜爱。蜜蜂是画家的爱物,我却总不大喜欢。说起来可笑……可是从此以后,每逢看见蜜蜂,感情上疙疙瘩瘩的,总不怎么舒服。"

——《荔枝蜜》

"总是听同桌谈起妈妈,说妈妈如何关心她,如何体贴她。那么,我的妈妈呢?呵护我?爱惜我?可能是吧。不过,我认为她是个不讨人爱的妈妈。你一定不信,那么请听我说。"

——《不讨人爱的妈妈》

7. 题记导入法

以精练而富有哲理的题记开头,或阐述行文缘由,或牵引内容,或揭示文旨……常常能透视文章亮点,让人触摸到作者的情感脉搏,收到赏心悦目的效果。如:

"日子像手中的细沙，一不留意，就纷纷从指间流逝，而且义无反顾。——题记"

——《翻检日子》

"感谢上苍赋予了人类这种美丽的感受：陶醉，其实在疲倦的时候，也不应该忘记给自己留一方让心徜徉的天空。——题记"

——《陶醉》

8. 意象叠加法

即把有关人、事、物、景的词语几乎不加修饰地叠放在一起，使文章情感更具有张力和弹性，起到四两拨千斤的作用。

"宿舍，餐厅，教室；教室，餐厅，宿舍。"

——《我们的咏叹调》

"一桌，一椅，一壶茶；半山，半水，半神仙。"

——《他的极简生活》

9. 旧瓶装新酒法

将原本现成的诗词、歌曲等填换新的内容，融入作者的思想感情，以引起下文、彰显中心，也常常妙趣横生，令人拍案叫绝。

"昨夜月朗星稀，沉读不知疲倦。试问催我人，却道懒虫一个。知否，知否，读书趣味多多。"　　　　——《那年我十六》

"骑上自行车，暖风轻轻吹。花儿香，鸟儿鸣，春光惹人醉，欢歌笑语绕着彩云飞……"　　　　——《路遇》

二、结尾方法举要

1. 自然收束式

即顺着文思发展的自然趋势结束全篇，避免了画蛇添足、无病呻吟的毛病，显得单纯明快、朴素无华。这种结尾方式与开门见山式的开头，有异曲同工之妙。如：

"我们回来的时候改乘圣马洛船，以免再遇见他。"

——《我的叔叔于勒》

"又有好长时间不见了。老韩头，近来还好吗？"

——《老韩头》

2. 首尾呼应式

结尾与开头相呼应，首尾圆合、浑然一体，使文章主题更加突出，又能唤起读者心理上的美感。如：

开头："白杨树实在不是平凡的，我赞美白杨树！"

结尾："让那些看不起民众，顽固的倒退的人们去赞美那贵族化的楠木，去鄙视这极常见，极易生长的白杨吧，我要高声赞美白杨树！" ——《白杨礼赞》

开头："如果人间真有仙境，那就是九寨沟。"

结尾："九寨沟真是迷人的仙境。" ——《迷人的九寨沟》

3. 画龙点睛式

运用简洁的语言，明确地表达作者的思想感情，或交代写作意旨。这种结尾法，戛然而止，意味深长。如：

"人，谁能料到生活中哪个时候会遇到'盲点'。这时，若有一束灯光倏然照亮，该是一份多么宝贵的人间真情！"

——《那准时准点的灯光》

"开窗和关窗，善，只在一瞬间，一念间，一举手间。"

——《开窗和关窗之间》

4. 抒情议论式

用抒情议论的方式，借以表达作者心中的情愫，能激起读者的情感波澜，引起读者的共鸣，有着强烈的艺术感染力。如：

作文之探

"又是秋天，妹妹推着我去北海看了菊花。黄色的花淡雅，白色的花高洁，紫红色的花热烈而深沉，泼泼洒洒，秋风中正开得烂漫。"

——《秋天的怀念》

"此时此刻，泪水已化为诗行。我愿为先生轻轻吟诵，深深歌唱。"

——《永远不会遗忘》

5. 意犹未尽式

这样的结尾往往语言含蓄，或充满无尽的回忆，或寄予深远的希望，给读者留下无限的遐思。如：

"真的，一直到现在，我实在再没有吃到那夜似的好豆，——也不再看到那夜似的好戏了。" ——《社戏》

"一句话提醒了我，究竟不是道地家乡味啊。可是叫我到哪儿去找真正的家醅呢？" ——《春酒》

6. 情景再现式

在结尾处，抓住文中主要人物、情节、景物等要素，让最受感动的情景得以再现，起到升华情感、烘托主题的作用，能给人留下瞬间永恒的印象。如：

"风停了，暴雨也结束了，太阳重新露出了笑容，两代人的那扇玻璃也被那片残阳熔化了。太阳在远处逐渐隐去，消失在一片晚霞中，两者混为一体，没有距离。" ——《雨中品读》

"我读到此处，在晶莹的泪光中，又看见那肥胖的、青布棉袍黑布马褂的背影。唉！我不知何时再能与他相见！" ——《背影》

7. 呼唤号召式

结合文章主题，联系现实自我，发出号召。这样的结尾，最易引起读者共鸣，起到突出主题的作用。如：

"黄大年、廖俊波、李保国、屠呦呦、南仁东……这样的名字还有很多,他们是中华奔梦道路上的领跑者,让我们追随他们的步伐,在复兴之路上奔跑吧!"

——《复兴之路》

"让我们行动起来吧,把爱心带给他人,带给那些失学儿童,带给那些孤寡老人……带给身边的每一个人。当你把爱心献给他人时,你也获得了莫大的幸福。要相信,只要人人都献出一份爱,世界将变成美好的人间。"

——《把爱心带给他人》

8. 名言警句式

用名言警句、诗词收尾,揭示某种人生真谛,使之深深印在读者心中,收到"言已尽,意无穷"的效果。如:

"十年树木,百年树人。老师的教诲之恩,我终生难忘。"

——《师恩难忘》

"人生自是有情痴,此事不关风与月!深深吁出一口气,我想起这句古诗。"

——《师痴》

总之,文章结构贵在一线相生,圆润贯通,不可缺痕。要遵循"向心性和简洁性"的原则,既不要在开头绕来绕去兜圈子,也不要在结尾处画蛇添足。

写好话题作文的三个要诀

话题作文是用一段提示语，指明写作范围，启发思考，激活想象的一种命题形式。学生围绕这一话题，联系自身经历和体验，从不同角度、不同立场，陈述自己对话题的感受或见解。

话题作文与材料作文都有由命题者提供的一则或多则材料（文字的、图画的或文字加图画的），但二者又是不同的。从审题上看，话题作文强调的是和材料"有关"，材料作文要求行文的主旨与材料吻合。从文体上看，话题作文淡化文体意识，一般没有特殊限制，材料作文常常有明确的要求。从内容上看，材料作文中的"材"是必须使用的，如果是议论文，材料还应放在文章开头作为引出论点的依据，而话题作文所提供的材料不是必须使用的。从思维方式上看，材料作文的写作多为"线性思维"，考生的认知趋同现象比较严重；而话题作文则是"发散思维"，这种开放性的思维方式可以使学生充分发挥创造力。

话题作文跟传统的命题作文、材料作文相比，更加尊重创作主体，更具人文性，更加受到各地命题老师的青睐。那么，怎样才能写好话题作文呢？

一、窄口突破，写什么有什么

话题作文只提供写作的话题，而没有中心、材料、结构、文体、语言等限制，便于学生最大限度地发挥想象力和创造力。但是，如果不注意把握话题，缩小写作的口子，就容易出现"下笔千言，离题万里"的毛病。因此，不管所给的话题多么宽泛，都要善于缩小"包围圈"，要选择一个小小的切入口，如一件事、一个人、一样物品、一种感受、一点看法等，集中笔力加以突破，把所选择的话题角度写细、写深、写透，做到"以小见大"。

如何使话题由大变小、由虚变实、由抽象变具体呢？下面，以"生活"这个话题作文为例，谈一谈窄口突破的问题，也就是着陆点的问题。

从时间上缩小，把"生活"具化为：我的初中生活，我的九年级生活，我的课余生活，我的周末生活，我这一天的生活……

从空间上缩小，把"生活"具化为：我的乡村生活，我的学校生活，我的游学生活，我的志愿者生活……

从主客体上缩小，除了从主体出发写"生活"外，也可以写与自己有关的人的生活。譬如，爷爷的晚年生活，父亲的骑行生活，妈妈的广场舞生活，老师的京戏生活……

话题作文乍一看似乎漫无边际，其实它是为作者提供一个"母话题"。通过以上方法，把过于宽泛的母话题具化为真实可感的"子话题"，就能做到写什么有什么。

二、体裁鲜明，写什么像什么

话题作文一般是文体不限，但是文体不限不是淡化文体，自选文体也不是不要文体。文体是构思的基本依托，离开了具体文体，立意、选材、布局就无从谈起。作者在动笔之前，不仅要思考写什么，还要思考怎么写，写什么文体自己占有的材料最丰富翔实，最能发挥自己的写作水平。

<figure>作文之探</figure>

以话题作文"路"为例，可以写成记叙文，譬如以《走在家乡的小路上》为题，写自己的成长历程；也可以写成议论文，譬如以《路是自己走出来的》为题，发表自己的见解主张，并加以有力证明。然而，有些学生面对文体不限，极易陷入文体不明的泥淖。本应写成记叙文的，却夹杂了大量的议论；本应写成议论文的，却有大量的记叙成分。记叙文不像记叙文，议论文不像议论文，这是写作的大忌。所以，面对话题作文，应该有清晰的文体意识，突出文体的特征。写记叙文，就应选取生动感人的事件作支撑，以记叙、描写为主要表达方式，达到以事引人、以情感人的效果。写议论文，就应明确提出自己的论点，从不同角度选取确凿有力的论据，运用不同的论证方法，按照一定的逻辑关系进行层层论证，即使事实论据也要言简意赅，避免描写的成分，做到以理服人、以理启人。

不管采用什么样的文体，都要因文而异、因人而异。长于说理，就选择议论文；长于记事，就选择记叙文。但要把握一点，记叙文至少三分之二以上是记叙、描写成分，议论文至少三分之二以上是议论成分，做到文体鲜明，写什么像什么。

三、构思新巧，写什么亮什么

话题作文是一种开放性的作文形式，要求学生放开手脚，尽情地驰骋在想象的空间，善于多方位展开联想，生发出丰富多彩的思路。以话题作文"风"为例，可以从写实角度出发，联想到自然界的风，如春风、秋风、微风、狂风、飓风、龙卷风等；又可以从其比喻义出发，联想到社会风气，如家风、学风、拍马风、送礼风、过生日风、随份子风、追星风等；还可以从引申义出发，联想到一种像风一样的流行时尚，如国学热、工匠精神热、科技热、网上购物热、出国留学热等；甚至可以联想到假如你是风、假如你遇到风，等等。要在丰富的联想中，独辟蹊径，写出特色，写出新意，写出亮点。立意上，有独特感悟，不人云亦云；选材上，有独到眼光，不落窠臼；构思上要独具匠心，不四平八稳；行文上，有独到魅力，不平铺直叙。

话题作文还有一个亮点，就是标题要引人入胜。"题好一半功。"标题是作品与读者首先交流的地方，带有明确的内容、文体、情感等指向。以话题"文明在我身边"为例，诸如《托起生命的绿洲》《一杯豆浆》《被爱包围》《血浓于水》《这个冬天不太冷》《雨中，那把红雨伞》等标题，或比喻、或引用、或借代，生动传神，而且写作指向十分明确，能一下子抓住读者的注意力。又如《一句"对不起"要等多久》《拒绝高空抛物》《斯是教室，唯吾德馨》《莫让"志愿者"昙花一现》等标题，题目本身就是观点，而且针砭时弊，振聋发聩。而那些如《与文明同行》《文明就在身边》《我们渴望文明》之类的标题，就显得过于随意，不管是文体还是选材都给人一种模糊概念。

话题作文具有很强的生活性、时代性，也是命题者有意拉近学生与生活的距离。只有养成关注生活、体验生活、透析生活、理性思考的习惯，才能为写好话题作文打下坚实基础。

精心修改是写好作文的"最后一公里"

好文章是改出来的。"推敲"的佳话,"吟安一个字,拈断数茎须"的名句,都是文章修改的最好佐证。鲁迅先生说:"写完后至少看两遍,竭力将可有可无的字、句、段删去,毫不可惜。"他劝别人修改文章,自己的文章也是反复修改。其散文《藤野先生》修改近二百处,《坟》的题记只有 1000 多字,改动也有百处之多。可见,要提高作文水平,必须在"最后一公里"——修改上多下功夫。

一、有训练无修改问题甚矣

学生作文往往是一气呵成,一挥而就。作为限定时间内的"急就章",不要说深层次的问题,一些显而易见的"硬伤"也不乏其中,如标点误用、错别字、病句等。这些问题本来在学生写完文章后,仔细阅读几遍是可以解决的。可是,多数学生只要画上最后一个句号,便万事大吉,再也懒得回看一眼。

好在还有教师批阅这一关,但几十篇文章早已将教师搞得晕头转向、心烦意躁。一些表面的、浅显的问题还能随手画出来,至于文章结构、主题、表达、材料运用等,哪来工夫仔细推敲、一一指出?反映到批语上,几乎是一些大而无当的"套话",学生对这样的批语自然并不待见。于是,教师批阅这一环节也就基本上是形同虚设了。若是考场作文，更是没有机会做事后修改。

有训练无修改，几乎是作文教学的通病，这恰恰是学生作文水平难以提高的重要因素。我们不期望学生在作文修改上字斟句酌、几易其稿，但问题是教师要引导学生增强文章修改的意识，养成修改的习惯，自觉地让"毛坯"成为"成品"，靠近"精品"。这是提高作文能力的重要一环，也是作文教学亟须关注的地方。

二、如何指导学生修改文章

第一，从文面上修改。写完文章要认真地读一读，看看有没有错别字、漏字、多字，有没有病句，标点符号运用是否准确得体，行文格式是否正确，人称是否统一，等等。特别是有些学生的作文，一段文字一个逗号用到底，极大影响了文章的表达效果。对这些问题要逐一加以改正，以免出现不必要的硬伤。

第二，从立意上修改。主题是文章的灵魂和统帅，是作者通过文章内容要表达的基本思想和情感倾向。鲁迅先生说："选材要严，挖掘要深。"学生作文往往缺乏"掘井十年方见水"的深度，文章中心点到即止，显得浅显单薄，需进行拓宽深挖。譬如，写家乡的文章，不要仅停留在家乡的景物上，可以由物及人："我爱家乡的青山绿水，更爱家乡人那大山般的淳朴厚道，那泉水般的亲切热情！"再如，写人的文章，不要仅停留在"此人"，可以由己及人："愿母亲健康幸福，永远快乐！更愿天下的母亲们幸福健康，快乐永远！"如此深挖一步，文章内涵就丰富一层，立意就高远一步。

第三，从材料上修改。材料是为中心服务的。有些学生的作文虽材料丰富、线索清晰、文笔流畅，但面面俱到，若干材料不分主次轻重详略，修改此类作文就需要动大手术了。要审视材料与中心的关系，

作文之探

那些与中心关系最密切的，就要集中笔力详写，其他的可以略写，甚至一笔带过。材料要有生活的真实性，有些学生为使材料更感人，有意编造故事情节，甚至为拔高主人公的形象而贬低其他人物的形象，造成前后矛盾、艺术失真的笑话。这些问题，在写作过程中可能关注不到，但统观全文再去修改时就容易发现。

第四，从结构上修改。作文结构主要从开头结尾、过渡照应、段落层次等方面考虑。有些学生不注意首尾呼应，造成文章出现有头无尾或画蛇添足等现象，其实稍加注意就可避免。有些学生不注意分段，读来十分费解。这也不难，把主要段落内有时间节点、地点转换、层意转折或递进的部分，分开就行了。甚至有些句子独句成段，也不失为一种有效的表达。还有些学生不注意段与段之间的衔接，跳跃性太强，对此只需增添一个过渡性的句子或词语，文章就明显自然连贯，浑然一体。另外，学生写记叙文常用顺叙的方式，这样比较好把握，但难免显得平铺直叙、平庸无奇。可以调整为倒叙的方式，或加上插叙、补叙，文章就显得跌宕起伏，更有吸引力。

第五，从语言上修改。语言是思维的外壳，文章的锦绣衣衫。语言要精益求精，反复推敲修改，准确地表情达意，并给人以美感。在语言锤炼上如何下功夫都不过分。譬如，"上个星期，初一年级篮球赛，我们班的'姚明'在体育馆大显身手，取得28分12板的骄人成绩。"这段话不形象不生动，可以补充动作描写，增强画面感："他弯着腰，篮球在他的手下前后左右不停地拍着，两眼溜溜地转动，寻找突围的机会。突然他加快步伐，一会左拐，一会右拐，冲过两层防线，来到篮下，一个虎跳，转身投篮，篮球在空中划了一条漂亮的弧线后，不偏不倚地落入筐内。"如此一修改，语言就变得生动传神。

三、增强作文修改的两种意识

第一，要有读者意识。好文章一半在起草，一半在修改。既要写得够火候，还要改得够通透。正如叶圣陶先生所说：写完了，从头至尾看一遍，马上自己审核，自己修改，这是一种好习惯。但还要有读者意识，文章是为读者存在的，不能让自己的文章仅仅是自己看了明白，更要让陌生的、不可预知的所有读者都明白。要从读者立场出发，把自己的文章多读几遍，看读起来是否文从字顺、朗朗上口，听起来是否前后一致、气畅意达。这是文章修改的基本要求。

第二，要有文责意识。文责意识是学生为文的品质，文品从某种意义上来说也反映一个人的人品。俗话说，文如其人。一篇文章如果自己看起来就面目可憎，是不能轻易拿来示人的。上海市著名特级教师贾志敏先生坚持对自己的作品修改够一百遍，才肯拿出去发表。这是一种极强的责任心的表现。从作文教学上来说，就要培养学生的文责意识。只有这样才能将作文与做人结合起来，才能将学生的责任心落到实处。学生作文写出来后，如果一时难以发现问题，那就先放一放，过段时间发现其中的瑕疵后，再进行修改。也可请高手指点，加以修改、补充、完善。

文章不厌百回改，如磨如琢有提高。作为语文教师，要培养学生修改作文的习惯，教给学生修改作文的方法，增强学生修改作文的能力，这样学生一辈子都受用不尽。

让作文批语从格式化走向生命化

　　教师批改学生作文，是在理性阅读基础上的中肯评价，是对学生艰辛创作的积极回应，是师生双向交流的重要载体，也是作文教学的重要环节。作文批语发挥着指导、激励、提示、纠正等作用。优秀的批语，可点燃学生写作兴趣，增强学生写作信心；可长善补缺，提升学生写作能力；可端正学生人生态度，完善学生人格心性，促进学生精神成长。然而，传统的格式化批语，让老师深受其苦，学生深受其害。如何使批语从格式化走向生命化？在此根据自己的实践谈一些体会和做法。

　　## 一、格式化批语的弊病

　　格式化批语由来已久，并非当今老师的独创。面对一篇优秀作文，教师心中马上会跳出"中心明确，层次清楚，结构完整""语言流畅，文字清新，书写规范"诸如此类的赞语。面对一篇低劣的作文，教师又会痛心疾首，写上"材料落入俗套，内容平铺直叙，毫无新意""语言啰唆，不简洁，不具体、不生动"等词句。这样的批语有何效应呢？

　　对教师，是苦不堪言。为什么？三篇文章批改下来，教师就会感到词穷言尽，再写下去就会重复，就会见笑于学生。可又苦于无词应付，而勉强为之。再苦没有批改作文苦，再累没有批改作文累。这恐怕是一线语文老师最深切的感受。

　　对学生，是烦不胜烦。为什么？优点大同小异，缺点彼此雷同。

批了，众人一面，等于没批；看了，懵懵懂懂，等于白看。干脆，作文本一发，随手一翻，搁置一边。久而久之，学生对教师的作文批语就麻木了。作文无非是一项任务、一种作业，能够交上差罢了。

二、生命化批语的"四性"原则

学生的写作，是一种极具个性化的精神活动，其本质是一种生命行为，而教师的评改，其本质同样是一种生命行为。那么，从学生的写作到教师的评改，再到学生阅读教师的评语，这个过程更应该视作一个充满情感、充满个性的生命的活动过程。

1. 批语要有浓郁的激励性

美国心理学家詹姆斯发现，一个没有受过激励的人，仅能发挥其能力的 20%~30%。学生的作文反映了他们的内心世界，每一篇作文都是他们创造性劳动的成果，他们都期待得到老师的肯定和表扬。教师应当像读者拜读作家作品一样，用充满赞赏的眼光阅读每一篇习作，用极富激励性的语言唤起学生心灵的共鸣。而不该把自己当作全知全能的上帝，高高在上，匆匆扫视学生作文一遍，就屈尊纡贵似的俯腰拣拾学生作文中的垃圾。批语举例：

你虽是在模仿，却也有自己的创造。"入魔"比"入迷"更好，有作家水平。"家乡的土地是那么的绿，天是那么的蓝，水是那么的清，鸟的叫声是那么的动听。"这一段环境描写，又是常人难以企及的，这是文学笔法。就凭这些闪耀着智慧火花的句子，就让老师对你刮目相看。你的优秀不可多得！

相信，学生读到这样的批语一定会心花怒放。"人各有所长，就其所长而成就之，亦是一事。"教师要竭力挖掘学生作文中的闪光点，坚持以正面评价为主，让学生通过批语，看到成绩与进步，坚定写好作文的信心。把批语变成一团火，点燃学生的写作欲望，而不是变成一盆冷水，挫伤学生的积极性。

2. 批语要有鲜明的针对性

俗话说，伤其十指，不如断其一指。作文批语不必面面俱到，要抓住学生作文的主要优劣点，给予恰如其分的点评。学生作文好，好在哪里；不足，不足在哪里，要一针见血、简洁有力，让学生一目了然，清清楚楚。这对提高学生的认知能力和写作能力大有帮助。批语举例：

写爸爸关心"我"的胃病，按时间顺序，从四年级写到六年级，父亲几年如一日为"我"送药、提醒"我"拿药，真是父爱如海深！作者又写到自己的心理活动，这是感恩父亲的真实表白。父亲的做法与"我"的心理，二者相辅相成，体现了"父恩难忘"，这就是中心突出。尤其是结尾，语言平实，却感人至深。只是文章第二大段，若按时间变化分成三个小段，是不是更好？

这里表扬有出处，修改有建议。表扬得真实而不做作，学生自然倍受鼓舞；建议得委婉而具体，学生自会欣然接受。假如，依然是"中心突出，材料得当，结尾有力，只是层次不够分明"这样的格式化批语，学生便不知所云，提高也就无从谈起。

3. 批语要有强烈的情感性

传统的作文评语生硬、严厉，令学生难以接受，从而失去了应有的教育效果。而情感式作文评语则以鼓励为主，语言生动，语气亲切，使学生置身于充满深情、充满挚爱的氛围中，对学生起着春风化雨的影响。批语举例：

读罢此文，掩卷长叹。这位学生太优秀了。懂得责任——担当；明白老师的心情——感恩。全文重点写老师在"我"工作失误时的谆谆教导，这是对老师的理解，也是"我"的感动。作文就是做人，人做好了，作文会差吗？结尾处起于模仿，超于模仿。用比喻、拟人，使语言更加灵动。

文以载道，言为心声。感人心者，莫大乎情。情感式作文评语实际上是教师与学生心与心的对话与交流，是教师内心情感的真实流露，必将对学生心灵产生一种冲击。尤其当学生写出真情实感时，他们更加希冀得到心灵上的呼应。因此，教师撰写作文评语必须用上真情，注意语言的感情色彩，增强文字的感染力，使学生动情悟理，从而达到"以做人为作文之本，用作文促进做人"的目的。

4. 批语要有典型的示范性

学生具有模仿的天性，教师的示范作用对学生的影响是巨大的。作文批语的一字一句，反映了教师的工作态度、专业水平和综合素养。我们应该以敬畏之心，认真对待留在学生作文纸面上的只言片语，这有可能是他们一生的记忆。即使我们做不到字斟句酌，也要尽量做到表达准确、语句流畅、情感真挚。批语举例：

小作者对母亲的感恩之情浓郁真切。"我没心学习，借了老师的电话给母亲打了电话。""我还是不放心，直到下午放学回到家中，看到……"这些语言丝丝缕缕，扯不断的是对母亲的挂念和惦记。你真是个善解人意、有感恩心的好孩子。写完此文，你是不是感到自己又长大一分？倘若此文把重点放在妈妈对自己的关心体贴上，是不是会更好一些？请深思。

作文批语其实也是个小短文，文面上所表现出来的一切，都会对学生产生深远影响。我们要求学生认真为文、书写工整，可是自己的批语却龙飞凤舞、潦草不堪，甚至还有标点符号不规范、错别字等现象，这又成何体统？然而，我们却常常拿时间紧迫聊以自慰，如此为人师表，令人汗颜。

作文批语不仅是一种写作技术，更是一种教育艺术。教师要在作文评语中渗透以人为本的思想，不仅要评价学生习作的优劣，更重要的是能够与学生实现心灵上的交流和沟通，使学生通过长期的评语感染，领悟写作技巧，磨炼意志品质，逐步提高写作能力，实现真正意义上的生命成长。

作
文
之
探

培养学生自我批改作文的能力

批改作文是语文教师最头痛的事。按批改一篇文章用时5分钟算，一个班级的作文几乎要耗去老师一整天的工作时间。这仅是理论上的计算，实际情况是教师批改10篇以上就会陷入疲劳状态，接下来也就难免走马观花，蜻蜓点水，作文评语陷入俗套之中。学生对这样的作文批改并不待见，极少能去好好领会和揣摩评语，更少有学生能认真总结经验教训。叶圣陶先生曾痛心地说过："教师改文，业至辛勤，苟学生弗晓其故，即功夫同于虚掷。"如果教给学生自我批改作文的能力，走教师精批精改和学生互批互改相结合的路子，那么不失为一种有益探索。

一、组织学生参与作文批改

早在二十世纪七十年代末，教育家魏书生就在"指导学生自改作文"方面做了大胆研究和试验。我们也不妨让学生参与相互批改，充分发挥学生在作文评价过程中的主体作用。具体办法如下。

把学生作文编成A、B、C三个小组或A、B、C、D四个小组，教师每次批改一个小组的作文，其余作文让学生A组改B组、B组改C组、C组改D组、D组改A组。若某小组的作文恰好被教师批改过，他们也不能袖手旁观，可对批改作文困难的学生提供帮助。至于组内哪个学生批阅哪本作文，可随机发放。

这样，教师每次只用批改三分之一或四分之一的作文，既可以把教师从作文批改堆里解放出来，对学生作文进行精批细改，又能保证每三次或四次把全班学生作文批改一遍。同时，学生批改作文的过程，也是再学习的过程：发现优点，得以借鉴；发现问题，加以修改。况且，学生学会下批语，本身就是一种写作训练。所以，让学生批改作文，绝不单是为减轻教师负担，而是以批改促写作。叶老认为："养成了自己改的能力，这是终身受用的。"作为学校管理者，不能简单地认为让学生改作文就是教师的不负责任，要为教师组织学生互批互改创造宽松条件。

二、指导学生学会作文批改

1. 要让学生明白批改什么

作文批改可以从十方面入手：字、词、句、段和标点，选材、立意、结构、表达和语言。其中，字、词、句、段和标点这五方面，在第一遍阅读时就能完成，这叫浅层次批改；选材、立意、结构、表达和语言这五方面，要在第二遍或第三遍阅读的基础上，经过认真思索才能完成，这叫深层次批改。

2. 要让学生明白怎样批改

教师要为以上十方面的内容提出一定的标准和要求。这样学生就能据此逐条进行，先学会规范再学会创新。

（1）字，主要看有无错别字，书写是否工整规范。

（2）词，主要看用词是否准确精当。

（3）句，主要看有无病句。

（4）段，主要看层次是否清楚，段落划分是否得体，上下段衔接是否自然连贯。

（5）标点，主要看运用是否准确规范，特别是引号、问号、感叹号、省略号的运用。

（6）立意，主要看中心是否鲜明、集中，是否积极健康向上，能否给读者以启发和感染。

（7）选材，主要看是否围绕中心，是否符合生活实际，是否具有典型性和新颖性，详略安排是否得当，选材角度是否有所变化。

（8）结构，主要看开头是否切题引人，结尾是否深化主题，过渡是否自然紧密，首尾是否照应，结构是否完整等。

（9）表达，主要看表达方式是否恰当，情感是否真挚。常见的表达方式有记叙、描写、抒情、议论、说明。一般来说，记叙文主要运用记叙、描写的表达方式，间有抒情和议论。

（10）语言，主要看语言表达是否通畅自然，是否生动形象、贴切感人，修辞手法运用是否得体，长句与短句的交互运用如何，有无鲜明的语言风格，有没有创新的语言元素等。

3. 教师要做好示范引路

学生从没有接触过作文批改，只靠理论性的要求还是会感到无所适从。因此，教师要做好示范批改，为学生指出路子，让学生在教师的批改中得其要领。最好是根据本次作文应该达到的目的及要求，选择1~2篇有代表性的习作（最好是水平高、低各一篇），打印出来分发给每个学生。然后用一节课时间，对学生进行批改指导，让学生明白老师是怎样一步步地写眉批、总批的。

譬如，我曾以学生的一篇议论文《孝在现在，你可以的》为例，利用多媒体，给学生做示范批改。

阅读第一遍，围绕"字、词、句、段和标点"，用不同批改符号和简要点评，做眉批。

阅读第二遍、第三遍，围绕"选材、立意、结构、表达和语言"，认真审视文章的优缺点，下总批。我的批语是：

开篇简述生活中的一种现象，然后引发自己的观点"孝在现在，你完全可以的"，论点鲜明正确，符合情理，又有现实意义。

然后，从"做力所能及的生活琐事、拒绝父母过多的关爱、满怀信心扬帆学海"三个方面，设置三个分论点，通过讲道理的论证方法，逐一论述，由浅入深，既有层次性，又有逻辑性。紧接着，引用"卧冰求鲤、黄香温席、羔羊跪乳、乌鸦反哺"四个典故，再次加以论述。前后相得益彰，论证严密有力。

结尾，再次强调论点，照应开头，结构完整。

文章运用反问、排比、引用等修辞手法，进一步增强了说理的有力性、感染性，可以看出作者具有相当深厚的语言功底。

作为一名初中学生，能够生发出"孝在当下，你完全可以"的论点，已超乎一般中学生认识，又以肺腑之言阐明如何行孝，既有思想深度，又有情感浓度，情理交融，读后让人拍手称快。

但是，文章也出现代词指代混淆、标点符号运用不够规范等问题。不过瑕不掩瑜，望继续努力，写出更多更好的文章。

百闻不如一见，百见不如一练。有要求，有示范，学生自我改作文就很容易上路。接下来，就是如何提高学生自我批改能力的问题。

三、提升学生自我批改的能力

学生批改作文的质量很关键。否则，既是对别人文章的不负责任，也达不到以改促写的目的。保证批改质量，就要引导学生养成认真批改的习惯，提高学生整体批改的能力。

1. 要明确作文批语的规范

作文批语分眉批和总批。眉批是批改者对作文的感性认识，可以在阅读过程中随时进行。总批是批改者对作文的理性认识，要至少阅读三遍，才能给予总体评价。为使学生养成认真批改的习惯，还需要提出一些硬性要求。

（1）第一次批改，眉批不少于3处，总批不低于3行，以后每批改一次，分别增加一处、一行，依次类推。

（2）总批要在文章的结尾处另起一行，空两格，先写"批语"二字，再写批语内容。总批结束要另起一行，于右下角写上"批改人：×××，再另起一行写上批改日期，以示批改者对原创作文的负责。

（3）总批要坚持批语的"四性原则"，即激励性、针对性、情感性、示范性。要先写优点再写不足，优点要写足、写透、写具体，不足之处要以修改建议的委婉方式明确提出。总批内容要做到一字一格，横平竖直，字成方块，书写工整。

2. 要把好作文批改的三大关口

这主要是针对学生批改拖沓、效率不高，批改态度不端正、敷衍了事，批改用语不准、质量不高等问题。

（1）把好批改时间关。学生批改作文要做到限时完成，在最初的三次练习中一般需要30分钟时间，以后要逐步压缩，控制在15~20分钟。

（2）把好批改质量关。学生批改后先交小组长把关，小组长对批语中有错误的地方，帮助批改人及时纠正，并推荐出优秀批语。同时，教师要把批改后的作文全部收上来，对学生批语进行复查，为点评做好准备。

（3）把好点评展示关。每次学生批改后，教师要及时做好批改情况的总结点评，对批语出色的给予表扬，也可在班级展示；对批语不妥的给予指导纠正，对出现的共性问题集中讲解指导。这是激发学生批改兴趣、提升学生批改能力的关键。

实践证明，若长期坚持学生批改作文，每个学生都能在 15 分钟左右顺利批改一篇作文，并能写出将近一页的批语。这是以改促写、提高学生写作水平的有效方法，也是提升学生综合素养、推进素质教育的有效途径。

教师下了"水"，学生才会"水"

叶圣陶先生很早就提倡语文老师写"下水作文"。这就好比教练要教运动员游泳，自己必须先下水示范。如果教练站在岸上，即使说得头头有道，也难免有隔靴搔痒之感。写作是件很私密的事情，只有教师沉潜其中，才能体验创作心理，把握写作方法，积累写作经验，对学生进行有效的指导。这就是，教师下了"水"，学生才会"水"。

一、你写我也写，看你写不写

学生写作文需要情感激发，最好的办法是你写我也写，师生共同写。如果教师把训练内容一布置，一句话"写吧"，学生嘴上不说心里也会犯嘀咕：真是站着说话不腰痛，你写一篇拿来看看？为调动学生写作积极性，我在作文教学中经常与学生一起写同题作文，并和他们开展竞赛，比一比谁写得最快、最好。

譬如，小学四年级下册有个写景单元，内容有《迷人的九寨沟》《五月的青岛》《华山的险》《松坊溪的雪》。在一次作文课执教中，我让学生们重温这4篇课文，总结其写景特点，据此写一篇景物描写的短文。然后计时开始，师生共同写作。因为有老师参与其中，每个学生都不甘落后，多数学生在15分钟之内就完成了一篇写景短文。

接下来是展示环节，5位学生读了习作，我也读了自己的"急就章"——《校园一瞥》，全文如下。

从东门步入校园，不觉眼前一亮，心头一喜。刚刚落成的中央花园，为校园增添了一抹春天的新绿。

看我蛮有兴致，王校长欣慰地说："咱们转转？"我们缓步来到中央花园前。中央花园正对着学校大门，大门和花园之间是个广场。花园中心是几株新植的桂花树，错落有致，郁郁葱葱；两侧各有三株迎客松，绿得新鲜，绿得亮眼；树下是新培的草皮，像一条毛茸茸的绿毯，浓绿匝地。桂花的绿，松树的绿，草皮的绿，相映成趣，生机盎然。王校长还说，草皮前裸露的地面上，将放置一块大文化石，文化石下面要铺上黑白相间的小石子。

伫立于此不由想到，秋有桂花放清香，冬有"大雪压青松，青松挺且直"，这是多么美好的寓意！那黑白相间的石子又在告诉人们什么呢？是啊，做人要懂得是非黑白，做到知黑守白。我不禁为这番创意而叹服。

走出大门，滨河大道正在加紧建设，汝河湿地公园已初具规模。如果说汝州是一个花海，那么我们的学校就是一座花园，中央花园则是一个极具诗意的盆景。

好美呀，我们的汝州；好美呀，我们的校园。

读完后，再组织学生评一评，老师和学生的习作各有什么特点，如何改进。于是，有学生评价，老师的习作不仅写出了眼前之景，还写出了自己的联想，这是比学生高超的地方。还有学生评价，老师的习作情景交融，充满了对校园的热爱和赞赏之情，值得学生借鉴。

言教不如身教。不少老师经常抱怨学生不喜欢写作文，不会写作文。扪心自问：我们有练笔习惯吗？我们能在限定时间内写出一篇文从字顺的文章吗？教师与写作远隔千山万水，却希望学生游刃有余，

这不是理想的教学状态。语文教师写下水文，是良好的示范效应，必能激发学生的写作热情。

二、会写才会教，看你高不高

著名语文教育家刘国正先生说，你要教会学生写文章，自己先要乐于和善于写文章，教起来才能左右逢源。犹如教练员要专于游泳，钢琴教师要精于弹琴，道理是很简单的。作文无法但有法。教师的写作实践和自身感悟，就是作文的最好法得。若是仅凭从书本上拿来的东西，而没有丰厚的写作实践作支撑，很难内化为实际有效的作文指导。

下面，以下水文《阳光下奔跑的少年》为例，谈谈教师写下水文对于写作指导的帮助。本文是这样开头的：

少年是极爱美的。每天出门前，总要站在洗脸台前，对着镜子把头发梳了再梳，把运动鞋擦了再擦。大人站在门口急得想揍他，他还要坚持滴水不漏地完成。爱美之心人皆有之。但是男孩子嘛，身上要有种阳光的味道，有种虎狼之野性！

作文开头方法有很多，但我采用了铺垫式开头，为下文展开埋下伏笔。这叫"起"，且看下一段的"承"：

暑假，正是雕琢少年个性的大好时光。这天，我与少年戴上太阳帽，蒙上面巾，挎上腰包，全副武装，骑车上路了。

杨虎路上车来人往，少年是第一次上大路，双手紧握车把，眼睛瞪得老大。躲车，过人，更是小心翼翼。

上面这段"承"写得比较简略，重点是写接下来的"险遇"，这是"转"：

丁字路口，一辆面包车正要冲上大路，我马上做个暂停手势，面包车立即来个急刹车，他从车头前绕个弯，闯了过去。

我唏嘘了一口气，笑问：“要是面包车刹不住，你咋办？”

“我撞嘛，还能咋办？”

“你小子胆不小？”

“我会应变嘛，它出来了，我能刹住就刹住，刹不住就绕……”

少年的头发贴在了前额，汗珠一个劲儿往下淌，但眉宇间多了些豪气，话语中也透着一股霸气。

练车，练胆，练智慧。当爹的怎不心花怒放！

车行十余里，少年喊叫屁股疼，疼了就歇呗。少年一屁股蹲在路边的水泥地上，不再言语，脱下帽子，忽悠忽悠地扇着风，一副鼻塌嘴歪的样子。

经过两次歇息，终于抵达一个闹镇。街上的各种小吃摊，早就诱惑了他的目光。吃饱喝足，本欲继续前行，再到温泉镇看看，他却竭力打道回府。

道路旁是绿油油的芝麻田，淡紫色的小花闪闪烁烁，微风吹来，绿浪翻滚。正午的阳光在繁枝密叶间跳荡，那是阳光和绿叶蓬勃的味道。看着面前的少年，我不由欣慰地笑了……

这里的“转”，详写“遇险”，略写“归途”，兼有心理描写和环境描写。这样的选择和构思，是为突出“雕琢和成长”。最后再看结尾处的“合”：

回到家，少年的脸庞明显黑了一层，脱下衣服洗澡时，上身露出很鲜明的汗衫印。妈有点心疼，正想开口说些什么，我打断了：“男孩子，不吃点紫外线，怎么补钙？”

文章以对话结尾，戛然而止；“补钙”一语双关，回应开篇，点明主旨。

作文之探

老师写下水文本身就是写作经验的积累，再去反观"为什么要这样写""怎样才能写得更好"，从中提炼出作文方法和指导要诀。老师写下水文，是开展作文教学的利器。为什么有些老师苦叹自己招数不够，不能对学生作文点石成金？关键在于自己不下水，蹚不出道道来。已之昏昏，就难以使人昭昭！

三、你我都爱写，生活真美妙

优秀的语文教师一出现，本身就是语文。让学生因为喜欢我而喜欢语文，喜欢祖国的语言文字，更加热爱生活和生命。这是语文教学的王道，也是作文教学的最高境界。我不优秀，但我坚持读书看报，记笔记，做摘抄。慢慢地，学生们也养成了良好的读书和动笔习惯。

作文是生活和生命的真实表达。生活中的人和事、景与物，兴之所至，握笔成文，或散文、或诗歌、或随笔……写作让生活变得充盈而富有诗意。教学中，我常常把习作与学生交流分享。尤其是当文字在报刊发表，学生们更是广为传阅，写作热情也更为高涨。由于热爱写作，周围有一帮文友，我请他们为学生开讲座。学生们在与作家的近距离接触中，不仅开阔了视野，丰富了写作知识，而且在幼小的心田里埋下了文学的种子。

教师与写作朝朝暮暮，学生与写作惺惺相惜。几十年的动笔习惯，写作已经成为我的生活方式，不敢想如果离开写作，我的生命会是什么状态。在老师的影响下，学生们读书写作蔚然成风，生命状态也在悄然改变。

老师下了"水"，学生才会"水"。语文教师应当把写下水文作为一项基本功，在日积月累中涵养自己的"文人"气质，才能在语文教学道路上走得更加从容淡定。

下水之乐

缕缕清水绕故园

　　小时候，家乡很穷，穷得好像只有满盆满缸满沟满河的水。村内村外亮晶晶晃人眼的，哗啦啦唱着歌的，都是又清又亮又柔又美的水。

　　村子南面，一条小河紧紧地依偎着村庄，蜿蜒流淌了不知多少年，却连个名字都没有。临河而住的人顺着石砌的、土掘的台阶，缓缓而下，洗脸、淘米、洗菜……若是夏日的晚上你端着饭碗把脚泡在水里也行，反正你想干什么就能干什么。清晨，喧哗了一天的小河，平如砥，碧如澄，清若空。早起的人家提着水桶，打满水缸，根本用不着水井。

　　有些人家在河畔栽了柳树，植了荷花。春夏时节，杨柳依依，白莲婀娜，成群结伴的鸭鹅由"头儿"领着，"嘎嘎嘎"地下到河里，自由自在游来荡去，不时地捕捉小鱼小虾吃……这些鸭鹅吃饱了、喝足了、玩美了，迈着八字步，一摇一摆地走到岸上，伏在树荫下、草丛中休憩。主人们从来不为它们操心，只管掐着点儿来收鸭蛋、鹅蛋就是了。偶尔，也有鸭鹅把蛋丢在河里的卵石间或水草里。我曾捡到过一枚，如获至宝地拿回家，娘把它煮了给我吃，意外的收获实在是莫大的幸福。

　　这条河的中游有一座宽大的石板桥，它是村子向南出入的咽喉，俗称"南豁子"。每天近午或傍晚，收了工的乡亲们从此而过，纷纷卸下肩上的锄头、草捆，跳进河水，"哗哗啦啦"一洗，汗去乏消，

穿上鞋悠悠地回家去。也有人在此淘小麦、淘玉米,不小心撒下的麦粒、玉米粒儿在河水里膨胀得又圆又亮,像一颗颗玉石玛瑙。一群群鱼儿排着队,轻盈欢快地在河底游来游去,试探性地向近岸游来。看着这些唾手可得的小精灵,孩子们早就忍不住了,屏息凝气,悄悄下到水里,然而还没近前这些小东西就跑得没踪没影,像是与他们捉迷藏一样。

问渠那得清如许?为有源头活水来。这条河的源头距"南豁子"不远,是一个很大很大的泉源坑,我们都称它"泉源场"。泉水距地面有七八尺高,走到近处,你会乍然明白"半亩方塘一鉴开"的诗意。水面蓝莹莹的,看不见底。我十一二岁时,才敢和小伙伴们手拉手从这岸蹚到那岸。水深处到了嘴边,我们要紧紧地闭着嘴巴,踮着脚尖,屏一口气踩过去。

夏日的泉源场是男人们的浴场。泉水清凉至极,再燥热的身子往岸边一站就消了汗。要是蹲在水中一小会儿,管保浑身起鸡皮疙瘩。常有壮劳力们比试谁在水里待的时间长;年龄大点的娃子们主要是赛水性,狗刨、仰泳、扎猛子,活像一条条大白鱼在水里乱窜;年龄小点的,单岸边那无数的小泉源就够他们玩的了,清不忍掬的泉水汩汩翻涌,鼓起的细沙碎石像鱼儿吐出的气泡泡,煞是好玩儿。

到了冬天,这里就成了女人们的天堂。水面上冒着热气,像一大盆温水。岸下既避风又朝阳,老老少少有说有笑,拉着家常,槌洗着衣裳。她们似乎不是在洗衣,而是享受这水的温暖和清亮。

村北还有一条河,与之遥相呼应。它的源头也是一个大泉源,只是离村稍远,人迹罕至。两条河像一双秀长的臂腕把整个村子环抱起来,居住在这里的村民能说不是一种福气吗?

走出村庄下田去,凡是有路的地方必有沟,凡是有沟的地方必有水,凡是有水的地方必有鱼。星罗棋布的地块仿佛不是田垄拦起的,而是溪水隔开的。干活儿热了累了,不管哪块地头准有一汪清水等着

我的语文教学之悟

你。我们称这水叫"自来水"，就是说浇地不用抽水机，扒个口，水就优哉游哉地流到了地里。

除了以上那两眼泉、两条河外，距村西五里的地方叫"五里铺"。那里有一眼更大的泉，四壁陡直，像个深潭，颇有几分神秘感。路过此处的人都爱远远投进几个石块，侧着耳朵听那"咚咚"的声音，判断泉水的深浅。一渠清流从这里出发，沿着两岸的葱茏树木和野花杂草，浩浩荡荡向前，不远处就到了"四里桥"。在此，渠水一分为三，流向东、北、南，这三个支流再分支、分叉，如毛细血管遍布田间。

我们村还有一大水源，那就是赫赫有名的北汝河。老百姓在上游拦道围堰，汝河水就乖乖地顺着引水渠流过来，沿途哪里用水哪里就有闸口。用不完的水咋办呢？每条沟沟河河都能归到一个退水渠里，再汇入汝河。能吐能纳的汝河似宽厚的长者，经年累月造福着沿岸的黎民百姓。

水肥则物丰。村南村北的低洼处都是稻田，秋风乍起时，稻浪翻滚，满目金黄，沙沙作响，像是一群身穿金色衣裙的姑娘在翩翩起舞，又像是谁在演奏着美妙的田间交响乐。稻田里也能蓄住鱼，甚而湿润的麦田里，踩个脚窝也能踩出一条泥鳅来。我不算有水性的人，也没少逮鱼玩儿。随便一汪水，准有一堆鱼。要想逮，把水一围，撒干了水，如囊中取物；但没有河中抓鱼有趣，你跑这儿了，鱼游那儿了，溅一身水，逮一串鱼，美得不得了。要是捉蟹，去汝河滩就发大了。近水的河滩里，几乎每块石头下都伏着一只蟹，有的还两三只呢，半晌工夫就是一大盆。绿莹莹的河，清亮亮的水，肥嘟嘟的鱼，张牙舞爪的蟹……留下无尽美好的回忆。

童年的家乡，不是水乡胜似水乡。童年的生活，虽不富裕却很富有。

下水之乐

慈母情深

2015 年 5 月 10 日，母亲节。

八岁的小儿带回自己制作的节日礼物，卡通图案上写着"妈妈您辛苦了，我永远爱您！"那稚拙的字体，让我看得眼泪哗哗。

也许，这是少不更事的儿子带给爱人的最大回报和奖赏。

但是，生我养我的母亲在哪儿呢？47 岁的我又能拿什么来回报和奖赏我的母亲呢？

一

母亲是属狗的，活到今天才 69 岁，也不算高龄。然而，她却在 21 年前告别人世，那时她仅有 48 岁，比现在的我大一岁。

母亲生养了我们姊妹四个，大妹比我小一岁半，二妹比大妹小一岁半，弟弟最小，与二妹不隔相。五年光景，四个孩子接连降临于世。母亲要付出多少心血啊！

养儿方知父母恩。对此，我有着深切的感受。

这天，父亲有事要去外婆家，我没心吃饭，眼睁睁盯着父亲何时动身。父亲推着自行车刚要出门，我就紧紧拽住车子。父亲不答应，母亲在一边撺掇："带他去吧。"父亲眼一瞪，娘赶紧收住嘴，哄起我来："过几天，娘带你去。"

我看压根没有指望，拿出小孩子一贯的伎俩，顺势往地上一骨碌，肆无忌惮地哭闹起来。父亲看也不看，径直出了门。

　　母亲怀里抱着弟弟，要弯腰拉我起来，很是不便，连哄带吆喝道："起来，快起来！我去张爷家给你割肉吃。"肉，张爷家的肉！我有点将信将疑，半推半就地爬起来。

　　张爷与我家近邻，为防止被揪住"投机倒把"，平时大门紧闭，偷偷地做卤肉卖。每逢路过他家，我不由张大鼻孔，使劲嗅上一阵，那袅袅飘散的肉香，像鸡毛挠心一样让人发痒。

　　母亲果真带我来到张爷家。张爷腰弯得像一张弓，围腰前襟拖到了地面，胳膊上戴着一双油晃晃的袖头子。娘从口袋里抠出一张皱巴巴的一毛钱，张爷很为难地在案板的卤肉上，左比画右比画，割下二指那么宽、一拃那么长的一条，用桐叶包住递给我。我已经忘记是怎样送到嘴里的，只觉得那肉顿时化为满嘴油香，透了肺腑，遍了全身……

　　我家是个大家庭，上有爷爷奶奶，母亲不是当家人，口袋里很少装过钱，从来没有给孩子们买过嘴吃。这次破费让我解馋，给我留下深刻的印记。

　　又是一年的夏天，生产队要去十二里外的公社送石子，除了记八个工分外，还有七毛钱生活补助。母亲第一个报了名，生产队长劝她："都是男劳力，你能跟上队吗？"母亲断然说："这您别管，拉不到，我一分钱不要。"

　　俗话说"男孩子不吃三年闲饭"。那年我刚十岁，母亲决意让我为她拉梢，就是车子上系根绳子，添个蛤蟆四两力。奶奶怕我累伤身子骨，不同意。我也不大情愿。母亲说："试试吧，不行的话，让他坐在车子上。"

头一天晚上，母亲从汝河滩装满一车石子，拉到生产队的牛院里。第二天天刚蒙蒙亮，别的劳力去装石子时，我们娘俩就上路了。

村子里的土路崎岖不平，母亲哼哧哼哧地拽着车子，终于来到公路上。柏油路面平坦多了，不时有一小段几乎看不出来的下坡。娘却收住绳子，让我坐在车子上。

就这样，我拉一会儿，坐一会儿。在一处较长的上坡路段，娘笑道："孩子，看你的绳儿，快搭住地了。"我回头一看，不禁笑了，紧走几步，拉直了绳子。

将近正午时，来到公社大院。娘解下车把上的毛巾，擦一把脸上的汗水，喘息片刻，开始卸石子。卸完石子，娘让我坐在空车上，往回赶。

走到"洋桥"上时，娘停下车子，叮嘱我："你先坐在车子上别动，我去买个票，给你做碗羊肉汤吃。"

横跨在黄涧河上的这座水泥大桥，俗称"洋桥"。桥头有供销社、公社食堂等好几家门市，人来人往，车水马龙，很是繁华，有点十里洋场的味道。

娘去排队买票了。这时我才明白：娘毅然决然争取这份专属于男人的苦差，并带上我，美其名曰让我拉梢，其实是想让我打打牙祭。我暗自欣慰，没出啥力气，还能一饱口福。

娘把一张小铁牌儿递进窗口，捧过一碗羊肉汤，小心翼翼地放在方桌上。她又把车子往门口移了移，带我进去坐下。

娘从旧书包里掏出几张烙饼，往我碗里泡。我头也不抬地吃起来，娘半是高兴半是心疼地说："孩子，慢点，你看我泡的还没你吃得快。"

我一口气把一大碗羊肉汤来了个底朝天。娘像完成一桩久违的心愿，高兴得眉毛都挑了起来："吃饱没？"我抬起头，抹着嘴，点了点头。

生产队的男劳力们赶了过来，见娘蹲在车子尾巴上啃着干粮，戏谑道："这一趟挣七毛钱呢，也不舍得买碗热汤喝？"娘笑道："吃过了，吃过了。"我窃笑娘真会"自欺欺人"。

到家后，奶奶迎出来问我们娘俩累不累，吃东西没。娘扑扑身上的尘土，笑道："不累，不累。哪能让您孙子饿着？"唉，现在想来，我那时真是太不懂事，一大碗羊肉汤泡馍，我是吃饱了，喝美了，娘却连羊肉汤啥味也没尝一下。

二

娘会一手缝纫的好活儿。我家有台缝纫机，老上海出的，机头上印一只黄蝴蝶，翩翩欲飞。娘把它视作心爱之物，整天擦得锃亮锃亮。大队缝纫部也有两台缝纫机，但做活要出钱。娘的这台缝纫机，管大半条街乡亲们的缝衣补穿。

农闲时，娘除了做饭、吃饭，几乎没下过机器。临近春节，街坊邻居送来的布块在缝纫机旁堆成了小山。为了赶活儿，娘每天晚上都要就着微弱的煤油灯，熬到大半夜。

外婆来我家时，埋怨过娘："吃个糖疙瘩儿也甜甜哩，整天支官差，贴功夫还赔油钱，再把身子累坏了，谁心疼你！"娘说："都是门前门后的，谁张开嘴咱也不能让人家掉地上。"

乡亲们也很重情义，来取衣服时，往往把裁下的布块、剩下的胶线留下来。娘总是提前把布块一一叠好，夹在做好的衣服中间，硬塞给人家。有时实在推让不下，便象征性地把极小的边角废料或者些许胶线留下。

娘不怕给人缝衣服，就怕剪衣服。人家用心用意扯块新布，万一裁出来不合身，就麻烦了。别人请她剪裁时，她总是用尺子量过来，量过去，有时还要人家把旧衣服拿来，比画着剪。

娘还经常留意衣服花样的变化，一旦发现有样式新颖漂亮的衣服，总要想法借来，在旧报纸上画出式样，仔细琢磨领子、口袋等关键部位的做法。

娘的心灵手巧和乐于助人，也让我们受到了特有的尊重和优待。有时我们在街上玩，受了大孩子欺负，乡亲们会挺身而出，大声吆喝其他孩子："兔孙（方言指'熊孩子'的意思），你不想穿新衣裳了吧！"

我有三个姑姑，大大小小的老表十多个，他们从头到脚、里里外外的穿戴，"责无旁贷"地落到娘身上。大姑家的四个孩子先后到了婚嫁年龄，各种衣物轮番不停地拿来由娘裁缝。父亲对几个外甥、外甥女的婚嫁衣特别讲究，连针脚大小都能提出意见。

二表姐出嫁时，娘不光为她做了几包袱衣裳、被褥，还做了厚厚一摞子鞋垫，并用五颜六色的丝线，为每双鞋垫绣上花鸟鱼虫等喜庆的图案。娘辛苦了无数个白天黑夜，父亲看了还是不甚满意："你不会再用青布包个边？这样不显得更好看？"娘只好把几十双鞋垫又一一圆了边，父亲这才自得地笑了。

那是挣工分的年代，口粮按工分折合。我家人口多，劳力少，分的粮食难以吃到平均数。娘出个工记八分，一年三百六十五天，再下劲儿干，日头也不会多转出一天。为了多挣工分，娘就趁秋麦两季揽些承包活干。这种活按量计分，多干多得。

这年秋季，娘一口气揽下六七亩杀玉米秆的活儿。干完后，生产队要检查玉米根疙瘩挖出的大小，不合格要打折扣。早上天不明，娘就掂着小镢头，提着干粮袋子，下地了。

中午放学时，娘还没回来，奶奶指示我吃了饭，赶紧给娘送饭。当我提着饭罐子走到北桥时，恰与疲惫不堪的娘迎面相遇，我心里暗喜：娘可以在桥下洗洗，吃饭了。谁知，娘劈头盖脸地骂起来："鳖娃，想把我晒死在地里！"

我被娘的谩骂弄得一头雾水。娘怔怔地站了一会儿，艰难地蹲下身子，一屁股坐在路边的草地上，泪水涌了出来。我默默地把饭罐放下。娘呆坐了一会儿，把饭罐掂在身边，倒出一碗稀饭，回头说："你上学去吧。"

我带着沉重的心事，悻悻地向学校走去。路上，我分明看见：在漫无边际的玉米田里，娘一镢头一镢头地抡着，手上磨出大大的水泡，衣服全贴在了身上……是啊，从早上到正午，娘连一口水也没喝。劳累、困顿、饥饿、孤独、无助……娘往哪儿发泄心中的委屈呢？我终于明白娘那股无名火的由来。

那一刻，我多么想快快长大，能与娘并肩站在玉米丛中，随着手中镢头的挥舞，身后的玉米秆应声倒地，瞬时成了一大片一大片空地……

我终于长大了，农村实行土地承包责任制。但我要上学，仍不能为家里出多少力气，反而让家里的开支陡然增多。娘的心思除了用于侍务农活外，还要想办法经营家庭副业，增加收入。

家里养两头猪，还养了几只长毛兔。娘盼着大兔能生出一群小兔，而且都是母兔。这样，就能由一只变成好几只，由好几只变成好几十只；剪下的兔毛就能由几两变成几斤，就能换来几十元、几百元……娘是农家妇女，过怕了穷日子，现在政策好了，一心想过上富裕生活，却在这年夏天累病了。

正午，娘正在地席上休息，突然手麻嘴歪，说不出话。那时，娘只有三十多岁，家人吓坏了。经医生诊断，娘患的是高血压，中风前兆。经过住院治疗，身体很快恢复过来，没有留下什么后遗症。可是自此，娘终生与药物结下了伴，天天、顿顿离不开药。

为了省一点药钱，娘四处打听土方。据说，有种叫刺角芽的野草，熬了喝有预防高血压的疗效。刺角芽遍地都是，娘在田间劳作时，专挑那些老相的刺角芽。她认为越老药效越好，天天喝那些难以下咽的苦水子。

三

然而，娘的旧病尚未根治，新病又生。我上初中三年级那年，娘双眼干燥疼痛，几乎无法从事任何活计。父亲骑着自行车带娘去县医院看病，一周一个疗程，周周奔波于四十多里外的县城，两个多月下来仍没有什么效果。

父亲只好带上娘去了省第一人民医院，家里只剩下我们姊妹四个和一个七十多岁的爷爷，小的小，老的老，生活一下子乱了套。外婆和三姑每隔一段时间来我家，蒸上一笼馒头，能管一家人吃上几天。做饭刷碗洗衣这些事只好落在年幼的大妹身上。

我在乡重点班上学，每周回家一次。这天，当我从十二里外的学校步行回到家时已是掌灯时分，推开大门，院里一团漆黑。我急急地连叫了几声"娘"，却无人应答。再推开上屋的门，爷爷应了声"谁呀？"我来到爷爷床前，先问娘的情况，爷爷说一个多月了，没有一点消息。再问大妹、二妹和弟弟去了哪里，爷爷说弟弟已经睡了，大妹、二妹上晚自习还没回来。我一下子失声痛哭。没有娘的家，竟像这冬夜一样冷寂得让人不寒而栗。

第二天，我帮爷爷把牛屋里的粪清运到农田，铡了一堆喂牛草料，返回了学校。那时不通电话，我身在教室，心忧母亲。每逢下课，我第一个冲出教室，希望能遇到来看望学生的老乡，能从他们那里得到一点有关娘的消息。但是，每次我都失望地回到座位上。要么是遇不到熟人，要么他们根本不了解娘的情况。

一个下午的课间，我正在教室内埋头做题，一个同学拍拍我肩膀，说有人找我。我丢下手中的笔，奔了出去。原来是父亲，我一下子惊喜得不知说什么好。父亲告诉我娘的眼睛已经查出病症，泪腺损伤，要靠点"人工泪"眼药慢慢恢复。

父亲安慰我一番后，解开自行车后座上的小包袱，说："给你买了件大衣，快穿上试试。"父亲打开包袱，我愣住了，那是我羡慕已久的绿色军大衣。那时正是崇拜军人的年代，我最眼慕那种穿起来富有将军风度的黄色军大衣了。然而，娘得病后，我就绝了买大衣的念头，心想只要娘的病能看好，我啥都不买也行。

父亲拿着大衣，看我迟迟未动，接着说："这几天郑州冷了，你娘几夜都没睡好，怕你胳膊腿受冻，非让我回来给你买件大衣不可。"父亲帮我穿好，仔细打量着说："哟，不小。你娘让买个大号的，说你坐在教室里不动弹，腿不耐冻，大一点能裹住腿……"我的鼻子一酸，要掉下眼泪，但我不想让父亲看到我难过的样子，艰难地忍住了。梦寐以求的军大衣穿到身上，我却一点也高兴不起来，反而感到格外沉重和不安。

拥有了棉大衣，像拥有了一片灿烂的阳光。即便是后来参加工作，冬天里我也一直把它穿在身上。可惜娘的眼病一直未能彻底治愈，经年累月点眼药，受尽了病痛的折磨。

　　1989 年冬天来得早，娘唠叨着我的大衣太薄，亲自动手拆拆、洗洗，缝时又絮了层厚厚的棉花。她做一会儿，就点点眼药，有时一天下来眼疼得顾不上吃饭就赶紧上床休息，整整一星期才把这件大衣返水好。

　　对于娘患眼病的原因，一家人心知肚明。年轻时，她整天为别人做衣服，不分昼夜，照明条件还差。不是熬夜熬的还能是啥？我曾这样说过，娘一听大为恼火："人吃五谷杂粮，谁能不得病？得病是咱的灾难，躲不走绕不过，不能往别处瞎想。那都是猴年马月的事了，八竿子也打不着。"

　　娘做什么事，从来不往别人身上推责任。几十年的工作生活，我养成了反躬自省的习惯，那是娘传承给我"行有不得，反求诸己"的基因。

四

　　我家十口人，除了父母、我们姊妹四个外，还有两位爷爷、两位奶奶。这样的大家庭，在我们村屈指可数，但一家人相处得十分融洽。

　　多少懂点事后，我就感到奇怪：我怎么会有两位爷爷、两位奶奶？他们总不该都是父亲的父母吧？娘悄悄告诉我，爷爷共弟兄四个，我爷爷是老三，四爷和四奶无儿无女，一直和我们一起生活。娘教育我们对长辈一视同仁，都喊爷爷、奶奶，所以我们自小就分不清彼此的区别。

　　四奶奶是当家人，大人小孩的穿戴怎么预备，人情世故怎么开支，甚至每顿茶饭做什么，都是她说了算。父亲是独根苗，大男子主义根深蒂固。娘在家里只有出力的份儿，没有说话的权利。她有时想发表点意见，父亲眼一瞪，就不再作声。街坊邻居们都说，这家人搁合得好，老弟兄、老妯娌看得宽，媳妇更是明白人。

娘常说，房檐滴水窝窝照，有啥老就有啥小。在孝敬老人方面，娘为我们做出了典范。爷爷、奶奶和四奶下世得早，剩下四爷与我们一起生活。每天早上，娘起床后第一件事是添上锅，先给爷爷烧一碗荷包蛋，双手捧给爷爷。每顿饭的第一碗要先盛给爷爷，并嘱托我们双手捧上。见爷爷吃完饭，要接住空碗送回厨房。这是家规，毫不含糊。

每一年，娘都要为爷爷做一身换季的新衣服。爷爷穿上娘做的蓝色中山装，戴上崭新的火车头帽子，俨然一个退休干部。平常的衣服没穿几天，娘总是催着爷爷换洗。爷爷为此没少唠叨："给我做那么多新衣裳，穿不完都带到墓坑里？""衣服没穿烂都让洗烂了。"

爷爷八十岁上患中风，卧床不起。父亲在爷爷床边支张小床，夜夜守着爷爷。娘想方设法做些可口的饭菜，还亲自给爷爷喂饭。爷爷糊涂了，脾气急躁，稍不如意就骂人。娘总说"人老还童"，他成小孩子家了，咱能跟他一样？

娘的一举一动像照相机一样，深深地印在我们心里，我们姊妹几个都充当起照顾爷爷的角色。当时，我已在乡镇教书，每周回家，都要把爷爷抱到室外晒晒太阳，为他洗脸、泡脚、剪指甲，陪他说话，还专门买了把推剪，由父亲给爷爷理发。乡亲们都夸爷爷有福气，一辈子没儿没女，比儿女成群照顾得还周到。

距我家不远有个老太太，按辈分我们称她"姥姥"，父母对她尊重、尊崇有加。一个刚入夏的日子，父母庄重而神秘地商量着一件事。事后，娘扯回一块灰色的确良布，在缝纫机上踏了一整天，做成一身老太太衣服。娘又把积攒多时的几十个鸡蛋放在篮子里，两人拿上衣服和鸡蛋出了门。

原来，他们是去看望这位姥姥的。父亲小时候，奶奶的奶不够吃，是吃姥姥的奶长大的。过去日子过不上来，现在生活好了要懂得报答这份恩情。听了娘的这番话，我打心里把姥姥视为亲人、恩人，每逢家里做什么好吃的，娘让给姥姥送去，都屁颠屁颠跑得飞快。

一等人忠君孝亲，两件事读书耕田。娘用自己朴实的言行，在我们的心灵里种上了感恩孝亲的种子。如今，我们姊妹四个虽然生活状态各有差异，但是各家都和和睦睦。我想，这就是娘对我们的最大恩赐、恩惠。

<h2 style="text-align:center">五</h2>

农户人家出身的娘，一辈子恪守着"勤俭"二字。即使实行土地承包责任制后，家里的粮食盛满缸，流满仓，她依然保持着节俭的生活习惯。

麦收时节，我们在前边装麦车子，娘戴着麦秸帽，在后边弯腰拣麦穗。眼看一家人早已累得筋疲力尽，需要她回去做饭，可她还是头也不抬，又是抓又是捧。父亲忍不住埋怨起来："走吧，剩的没有收的多，把大头收回去就行了。"娘不依不饶地回应道："好好的麦粒埋到地里多可惜呀！哪一粒不是汗水摔出来的？"

吃饭时，娘嘱托我们把馍接在饭碗里，免得馍花儿掉在地上。有时，吃不完的饭，父亲劝她倒掉，喂鸡还能变成鸡蛋，也不算浪费。娘根本不听："你别管，你们不吃，我下顿热热吃。"父亲担心娘长期吃剩饭对身体不好，总是偷偷地把它倒掉。娘发现后干脆提前把剩饭、剩菜藏起来。

有一次，娘在炒菜时，酱油从瓶口流出来一点，娘用指头一抹，抿到了嘴里。这一幕，恰好被我看见，娘像做错事的小学生一样，很不好意思地扭过脸去。我懂得娘的心思，故意装作没有看见。其实，我真想说：娘，您做的一点儿没错。孩子不会小瞧您，还将一生以您为榜样。

娘年轻时为别人做大半生衣服，自己却没有一件能穿得出台面的。在父亲和妹妹的多次撺掇下，才买了一件毛呢半大上衣，平时却不舍得穿，只在走亲访友和重要场合才肯体体面面地穿一回。过后，就叠起来放箱底了。

娘常说，"吃不穷喝不穷，打算不到也受穷"，"能买亏心物，不买便宜嘴"，"人家吃了是传名，自家吃了是填坑，填坑没好土"，"糟蹋粮食要遭罪应"……这些顺口溜，一直在校正我们的一言一行。

娘辛苦节俭一辈子，先后把我和大妹的婚事办了，弟弟考上北京一所大学，二妹也到了谈婚论嫁的年龄。特别是妻子怀孕后，娘说她感到身体大有好转，浑身有使不完的劲。

女儿出生后，娘果真像换个人一样，精气神十足。这天，我回到家，娘正拿着勺子给她的孙女喂饭，她看着那双小手扒着碗边贪吃的样子，笑得像个天真的孩子。

然而，天有不测风云。这天，娘突然感到心口窝疼得厉害。当家人把医生请过来时，娘已经没有了脉搏。原来娘的心脏病已经有很长时间，她却一直隐忍着没有吭声。

娘就这样离开了我们。她的小儿上大学还未满一个学期，她早就掐指头盘算着，絮叨着老二再有二十天就该回来了。可她没有等到她的小儿，她日思夜念的小儿，令她骄傲的小儿……

娘就这样离开了我们。她一心巴望着她的孙女快快长大，能开口叫一声"奶奶"。可她没有等到那声甜透内心的叫喊……

　　娘就这样离开了我们。连一张照片也没有留下来，连一身从头到脚的新衣服都没有穿过，连一口香甜的东西也没有吃过，连一天福也没有享过……

　　娘就这样离开了我们。她把四个儿女养大成人，却没有给儿女们一天端饭洗衣、悉心照料的机会，没有给儿女们一刻擦屎刮尿、床前尽孝的机会……

　　娘离开了我们，但我总感到有双眼睛在看着我，在痴痴地看着我——做人，除了善良，还要勤奋。在这条路上，我没有跑偏，还把套绳拉得咯吱咯吱响……

我的 1983

　　世界总是这样矛盾，让幸福和艰苦，成功与磨难成为一双弟兄。感谢 1983 年，那段日子，宛如炼狱。生命在日日焚心中得以磨砺、淬炼、健壮、强悍。

　　1982 年下半年，全乡首届初中三年级重点班开班了。三四十所初中学校两千多名学生经考试选拔，招收了 40 人，我是其中一员。其实，我的学习成绩并不优秀，这一年是复读，勉强考进重点班。

　　"重点班是全乡的精英，在那里上学可不是闹着玩的。"父亲的话，让我下定决心：笨鸟先飞早入林。我给自己订下学习计划，每门学科每天自学多少页，多少天可以完成第一轮复习，然后是第二轮，第三轮。自己定下的学习任务，就要坚决完成，哪怕不吃饭、不睡觉。

　　"读书破万卷，下笔如有神"，"书读百遍，其义自见"，我坚信这些朴素的道理。课余时间里，我按照既定计划，重新自学每一本教材，第一遍用铅笔把重点、要点都圈点批注在书上，第二遍用钢笔，第三遍用红蓝铅笔。一边读一边画，好像只有画下来，才能刻进脑子。遇到一时弄不懂的，就在旁边画个大大的问号，把问题攒起来，一块请教老师或同学。几轮复习下来，每一本书都被画得密密麻麻，甚至破破烂烂、惨不忍睹。

下水之乐

225

　　然而，在第一次语、数、英竞赛中，我便折戟沉沙——全班倒数第五名。成绩刚一出来，就被放大到校门口一块纪念碑式的黑板上。重点班是全乡六万多父老乡亲的心坎事。每一次大型考试，学校都会把成绩单印发到各村部、各学校。我想，这消息早就不翼而飞，进入了千家万户。那段时间，我连教室门都不敢出，课间去趟厕所也像做贼似的。万一碰到熟人，他们问起我的学习成绩，我又该如何应对？然而，耻辱和羞愧只有化作更大的学习动力，才能换回人的体面和尊严。

　　我的数学和英语是弱项。班上一位同学有本数学资料，大家像香饽饽一样纷纷争抢。我终于轮到了手，一周的课外活动时间都纹丝不动地蹲在教室，写写画画，演演算算，如饥似渴，爱不释手。那时，正值中国女排打出世界，全国人民对排球的关注达到狂热状态，学校教工排球队每天下午课外活动都如期开赛。我坐在教室窗口，站起身直直腰时，被那精彩的"扣杀"看呆了，一时陷入痴醉之中。当我醒过神，回头一看，教室里静得可怕，一片黑压压的人头……我懊悔得要死：大志呀，你甘愿落后吗？你不想考学了？还不赶紧埋头读书？

　　自此，每浪费一分钟时间，我都担心因这一分钟的疏忽而被挤下"独木桥"。那时，也只有那时，我真正体会到学习的紧迫感。

　　临近中招，传闻要加试体育。体育老师在教室后墙上打个表格，周周测试，成绩上墙。我清楚地记得在第一栏里，我的引体向上是"0"，我成了体育后进生。同桌与我同病相怜，每天一下晚自习，我俩一块出去练习引体向上、50米跑、立定跳远和跳绳，一项一项地练，练得浑身发软再回教室"休息"。"休息"困了，再出去练，直到教室里再没他人，才跑回距学校一里多远的寝室。

寝室是租借村上的一座空房，睡的是地铺，像挤在一起的萝卜一个挨一个，床铺间能下脚的地方被踩得尘土四起。被褥和衣服上全生了虱子，谁也不能幸免。有个下雨天，路上溜滑，黑灯瞎火回宿舍只能凭感觉，一路小心谨慎，还是踩中了稀泥，鞋子、袜子里都灌满了泥浆。可是哪来的水去洗呢？没办法，只好把两只脚伸在"床"外睡了一宿。

吃的又是啥呢？2分钱一份的萝卜菜，有时还不舍得买，和老乡合伙打一份。常常是从家里带一瓶子咸菜、一书包干馍，吃上一个星期。现在想来，简直不敢相信，如此简单的饭菜竟能让人释放出那么大的能量！

每天早上5点钟，宿舍里就没人了。下晚自习，老师一次又一次到教室撵学生，可是不过11点，谁也不肯走。即使到了寝室，脑子里装的还是学习，趁没睡着的工夫，把白天学习的功课像过电影一样在脑海里过一遍。那些没记住的或没弄明白的，第二天早上一睁眼就赶紧往教室跑，翻书本或请同学、老师指教，直到弄懂记死为止。

功夫不负有心人。期末考试，我的成绩一下子蹿到班级第三名，成绩单照样发往全乡各中小学、村委会。小学时的班主任老师激动地说："这一回，你给咱们小学争光了，多少年咱们学校就没出过这么好的成绩。"有付出就有回报。有了自信的我浑身充满力量，每天都有使不完的劲儿。经过坚持不懈地进行体育训练，引体向上，我已拉到8次；跳绳，每分钟达到120多次；50米短跑，也跨入8.5秒的大关。

为了挤出更多的学习时间，重点班每两周休息一天，学生们不仅

无人报怨还感恩戴德。一个周末，完成学习任务后已暮色四合，我和同学结伴骑一辆自行车，赶往十几里外的家。第一次走夜路，相向而来的汽车灯光刺得睁不开眼，汽车呼啸而过的刹那，眼前一片漆黑，几次险些掉进路边的深沟。同伴悄悄给我鼓劲：别管能不能看清路面，只要保持与边沟一尺距离，硬住车把直管往前骑，翻不到沟里就行。历经曲折到家后，匆匆吃些东西，带上必备的物品，又要赶回学校。父母劝我第二天早上再走，再说十几里夜路也的确心怀忐忑，但是马上就要中招，时间耽搁不起，还是咬牙返回了学校。

中招考试前，要进行预选，预选失败，就决定无缘报考自己理想的学校。考前的晚上，我做了个梦：数学考试，一道几何证明题困住了我，冥思苦想不得其解。这时，突然想到老师说过，遇到难题无法入手时要添加辅助线。我连忙添加一条中位线，不行；再换成等腰三角形的高，还不行；又换成圆切线，一下子豁然开朗，问题迎刃而解。我激动得大叫一声，从梦中醒来。第二天考试，还真出了那种类型的题，内容也几乎一模一样。也许，这就是精诚所至，金石为开，上苍给我的福报吧！

1983，我生活的炼狱；1983，我生命的涅槃。每每想起这段难忘的岁月，我都不由心生感慨。

人生自是有情痴
——记靳老师

老师，我真的很想写写您，不为别的，就为您那种迂，那种近乎偏执的迂。

二十多年了，虽然没有谋面，但我感到您一直没有走远，甚至是那么近，近在身边，近在心里。

去年的一场公干，本来可以不去，但那是您所在的学校，我毅然决然地去了。

我第一个要问的是您。

到了您的办公室，您那个慌呀，都不知道哪先哪后了。慌着让凳子，找茶杯，洗茶杯，倒水。那一刻，我似乎有了孩子回家的感觉。

虽然相距并不太远，但各有各的事，相见的机会确实不易。来时我就打定主意，中午和您一块吃饭，叙一叙您的万千恩惠，聊一聊彼此的工作生活。再三央求，您答应了。

吃饭时，我们都在等，但您一直没去。

饭间，学校领导的话，让我知道了您的更多情况。

您一直担两个班的英语课，领导说您累得头发都快掉光了，可从来没有向学校提过任何要求。要是人手能腾开，无论如何要让您歇一歇。机会来了，他们找您谈话，让您教一班英语，另一班换成小科——地理。

　　您感恩戴德，把地理书抱回家，学习了一个暑假。开学后，您却撂挑子了："这课咱不敢担啊。自己还没学透，这样教孩子不是误人子弟？"

　　领导笑了，笑您的迂。但是，谁知道，您还有更迂的地方。

　　您女儿闹着要粉笔，要拿回家涂鸦。可怜您的爱女之心啊，就把办公室的粉笔顺手牵羊，牵回去了一包。

　　然而，这一拿成事了，成大事了。您左思右想，感到这事不对劲儿：咱没给领导打招呼，就把公共财物拿回去，不是偷学校的东西吗？

　　您就向领导检讨。领导起初是笑，笑您的迂；后来是怕，怕您迂出问题……

　　老师，听到这里，我有一种想哭又哭不出来的那种感觉——万般难受！

　　我只好去回忆，回忆您的青春华发，回忆与您在一起学习工作的快乐时光。

　　那时，您刚毕业就教了我们。您一头浓发，绒绒的胡须，喜欢低着头走路，脚步又重又快，百纳底布鞋在地面上摩擦出的声响，让人大老远一听就知道是您。您见人微微一笑，笑得有点羞涩，有点甜蜜，似乎总是很开心。

　　您常常吃了饭，回来时顺便从伙房打壶开水。我们一看见就奔过去。星星过月一样，拿着大铁碗，一会儿就把您的一壶水倒个精光。

　　反正很少见您喝水。

　　时间长了，我们便心安理得地接受了您专门给我们准备的开水。

　　每每您的课，您总是提前来到教室外面，等待上课。下课铃声响了，您却不愿离开，再把单词、句子领读几遍。这已是惯例。课外活动的短短三十分钟您也不放过，掂着一个写满习题的小黑板就来了，为的是再给我们补补课。

晚自习结束后，您的办公室常常是一屋子人，这个人问了，那个人问。您那高兴劲儿呀，好像上辈子欠我们的，这辈子加倍还了，才算放心。

我最头痛的便是英语，但在您的教导下，我渐渐地喜欢上了英语，也因为英语成绩的大幅提高，三年后我师范毕业也成了您。

我们在一所学校，晨耕昏作。

您家离学校大约七八千米，那辆破旧的自行车，伴随您将这段路不知丈量了多少个来回。每天晚上，下晚自习后，您骑车回家；第二天早上，上自习前，便又赶到了学校。

因为，您成家了。师母没有工作，孩子大了，父母年迈。您的家乡有碾毡的传统手艺，碾了毡带出去卖，家乡人靠这都发了财。

父母老了，碾不动了。您想碾，白天没时间，只好晚上回家碾毡，早上赶到学校上班。

您的车没有灯，其实也不需要灯。那段路，哪里有个坎，哪里有个坑，您的心比眼睛看得还清。

我们真是担心您那百八十斤的瘦小身体，能撑得住吗？还好，您的饭量比年轻人都好，每天早饭两个大蒸馍，均均匀匀。

您上课有个习惯动作，喜欢一只脚在讲台前的后墙上无意识地蹬来蹬去，您所在的每个教室，水泥墙上都留下了深深的脚印。

那脚印，随着一届又一届学生的远走高飞，不断加深，那是您留在孩子们心中永恒的印记。

那一年，我做班主任，有幸咱俩搭帮手。其实，无论谁当班主任，

都希望遇上您这样的英语老师。我是您的学生，是亲三分向，您选择了我。

期中考试结束，您来我办公室，像做错事的学生一样忐忑不安："唉，老是对不住你，咱们班这次英语考得太差了。"

我有些怀疑，您的课啥时候落后过？又一想，也许是您晚上回家碾毡分散了精力。但我还是想听听差得啥样，您说："只比别的班，人平分多了十几分。"

我惊呆了！老师呀，在您心里，似乎比别的班高二十多分才是正常？！

老师，过去的事，为什么总是历历在目，清晰无比？

我不想再去回忆，尽管回忆是美好的，但学生的心，却是酸的。

俗话说，年龄不饶人，您也是五十挂零的人了，现在的您怎能与二十年前相比？再说，咱的身体也不是铁打的，铜铸的，工作差不多就行了。别人都是越老越猾，而您怎么越老越较真，越老越迂呢？

您干了大半辈子，依您的付出，少说相当于别人奉献了两辈子。您培养了多少人才，别人不知道，您教过的学生心里最清楚。

何况，您的领导说，靳老师这样的人，一切制度在他面前都失灵。他骨子里就不会偷懒，就不会耍猾，也根本不会把课教砸。万一教砸了，谁也不会埋怨他。有这样的话，您还怕啥。可是，您为什么还是那般迂？

我想起一句古诗：人生自是有情痴，此事不关风与月！

立功老师

　　一个老师能转变甚至影响学生一生，称他功德无量应该不算过分。我的这位老师，就是这样一个人。他姓李名立功，真是实至名归，恰如其分。

　　立功老师是我上师范时的首位文选老师。一缕黑白相间的头发覆盖住略显秃谢的头顶，走路不急不缓，说话笑眯眯的，有些慢条斯理，深度近视镜后面是一双深邃的眼睛，溢着饱学之士的儒雅之风。

　　听人说，我们当地有两个语文学界的泰斗。一个是立功老师，《人民日报》《光明日报》这些国家一流媒体上，都时有大作发表。另一个是××老师，嘴上功夫厉害，课堂上天马行空，悠游自在，抑扬顿挫的声音，大马金刀的手势，这忽儿还在讲台这端，那忽儿一句"大风起兮云飞扬"，就铺排到了讲台那端。

　　他们原都是我县唯一一所高中，一所老牌子高中，曾经是省立第五中学的大名鼎鼎的语文老师。世人称之为"立功老师的笔，××老师的嘴"。后来，立功老师调到新成立的师范学校，××老师留原校任教。有人传言这叫"一山不容二虎"，其实根本不是那回事，县高中要留下个领军人物，师范学校也要来个拔尖人才嘛。

　　立功老师许是太内秀，类似茶壶里煮饺子，肚子里有不易倒出来。

他的课堂中规中矩，以一个学生的眼光看似乎并不出彩。讲到最动情处，常常是这句口头禅："你看这篇文章，这一段写得多美，大家好好读一读。"

记忆很清晰的是一篇文章《红棉袄》，节选自孙犁的小说《白洋淀纪事》，里面有几段话：

姑娘有十六岁，穿着一件红色的棉袄，头发梳得很平，动作很敏捷，和人说话的时候，眼睛便盯住人。我想，屋里要没有那灯光和灶下的柴禾的光，机灵的两只大眼也会把这间屋子照亮的吧？

…………

她身上只留件皱折的花条布的小衫。对这个小举动，我来不及惊异，我只是把那满留着姑娘体温的棉袄替顾林盖上，我只是觉得身边这女人的动作，是幼年自己病倒了时，服侍自己的妈妈和姐姐有过的。

…………

老师停下来，让我们一遍又一遍地读。这些句子，笔笔皆秀，字字皆活，啸歌自如，细腻而富有温情，我几乎能背下来。是啊，若没有学生细细地品味，与文本的天地私语，怎能有这种美好的感情体验和语感积淀？这也许是一个语文老师更高的境界和价值追求吧。

立功老师还兼着写作课，每逢课代表把作文本发下来，学生们就哗啦啦地翻本子，急于看老师的评语。他批改学生习作，有眉批有总批，篇篇"红霞飞"。中专学校，学生成绩已退居次要之次要的地位，可他仍然如此兢兢业业，这般认认真真。这怎能用敬业精神简而言之？那是一种深厚学养的旖旎之心，一种扶掖学子的锦绣情怀。

一次作文课上，我的习作除了批语外，立功老师在末尾用红笔画个很大的圈，内写"入选"二字。我不知何意，立功老师从讲台上缓

我的语文教学之悟

缓走到我身边，指着那个圈，低低地说："你这篇文章写得不错，再改一改，可以参加全省中专生作文大赛。"

那一刻，我怔住了：我的作文能参加全省大赛？农村孩子读过多少书，有怎样的见识，别人不知道自己能不清楚？再说，在师范学校这片新天地里，我文艺不通，体育不精，又不善言辞，何曾想过有出人头地的机会！

如今，光环空降，兴奋激动之余，我开始认真品读老师的评语：这篇文章选材精当，立意新颖，具有很强的时代感。若能在语言锤炼上再下一番功夫，就能更上层楼。

何谓锤炼？我仿佛看到家乡的打铁匠，抡起大锤在砧子上锻打着烧红的铁块。对，我要按照老师说的，在语言锤炼上再下一番功夫。

这节作文课，老师又布置一个内容，写反映十一届三中全会后农村的新变化。我想到父亲种棉花、卖棉花的情景：家里种了四五亩棉花，采摘回来后堆积如山，父亲和我拉一架子车，去乡棉花站卖棉花。从领款处出来，父亲数着一沓子钞票，激动地说："走，咱去吃碗羊肉。"这是记忆中父亲最奢侈的一次，吃了羊肉，父亲又要两瓶小香槟。从没有喝过这玩意的我，一瓶小香槟竟弄得头晕乎乎。

经过一番精心构思，我写了一篇题为《卖棉花》的文章，还特意引用一副对联和一段歌词，并认真修改了多遍。我想，这就是"锤炼"吧。

下次作文课上，立功老师居然又一次为我的作文画上一个圈，又一次写上"入选"二字。这件事在班上引起轩然大波，同学们对我刮目相看。我也有种被点石成金的感觉，对自己陡添信心，难道我有写作特长不成？

同学们还送我个雅号"大文豪"，其实我连文之一毫也没有。为

了对得起这雅号，课外活动时间，同学们都到操场上、琴房里去了，我钻进学校的图书室、阅览室；中午大家都午休了，我来到大厅下的阅报栏前……读书，看报，做摘抄，我感到生活一天天充实起来，丰盈起来，每天的太阳是那么大，那么新，那么亮，越升越高……

周末晚上，照例有三三两两的同学结伴看电影，手挽手花前月下，我拿着纸和笔，独自行走在昏黄的路灯下，寻找诗的灵感……那晚，月光乳一样倾泻下来，婆娑的树影如一幅写意画，我沉浸于这份安详静谧的美好意境。一阵高跟鞋叩击地面的响声由远及近传来，打破了我的思路。抬头一看，是文艺委员云和几个男生回来了，我连忙躲到一棵大树后面……

三个月后，作文竞赛结果出来了，立功老师把一本获奖作文集锦送我。虽然我没有获奖，书里更没有我的文章，但跌跌撞撞地闯进这片心灵花园后，我再也绕不出来了。

当年暑假，我和几位要好同学商量办一期杂志。什么时间截稿、编排、印刷，计划得很周密。一同学的父亲是教育办主任，免费提供了纸张；另一同学的哥哥在学校教书，刻印文稿的钢板、铁笔和油印机全由他负责。我是总编，整个假期，除了干农活，一遇阴雨天就十里八乡地跑，收稿子、修稿子、排版、插图、设计封面、刻制蜡纸、上机油印，忙得不亦乐乎。

都是孩子家，从没摸过油印机。蜡纸套偏了，起皱了，贴反了，印烂了，漏墨了，诸如此类的事时常发生，个个弄得一手油墨、满脸污黑，衣服上也带着印刷工的幌子。终于，赶在开学前杂志印好了，起名为《晨曲》，这是大家集体智慧的结晶。最初，定名为《向阳花》，有人嫌小气；改为《晨阳》《朝阳》……最后是一同学的弟弟提议为《晨曲》，诗意一下子豁然而出，大家兴奋得手舞足蹈。

开学后，我们抱着一摞散发着墨香的所谓杂志，分发给全班同学。我特意为立功老师呈送一本，虽然他已不再教我们。

我总觉得，若不是立功老师那一笔勾圈，那评语中的"锤炼"一词，我哪能与文学结缘，留下一段青春记忆温润了自己？又哪能在文字的道路上痴痴追求，持力向前？

平时不显山不露水的立功老师，还是篮球场上的投篮高手。每天下午课外活动，教工队与学生队都要来一场篮球赛。年逾五旬的立功老师也时常上场，他跑不快，总是后卫。年轻教师带球切进篮下，一旦没有投篮机会，便"啪"一下把球传出来："Mr.李，接球。"立功老师抓住球，不用瞄准，右腿一抬，双手一送，"嗖"一声进了篮筐。时间长了，只要他接住球，围观的学生就起哄道："抬腿，空心，2分。"球果然在篮网中打个回旋落下来，接着是叫好声一片……

立功老师有两个孩子，一男一女，像他一样文质彬彬。大女儿整天一身打扮，从不改二样。洗得发白的草绿衣服，圆口黑布鞋，印有"为人民服务"的草绿挎包。她去上学时，要穿过校园，一副目不斜视、端庄宁静的模样。我想：这也许就是大家闺秀吧！

时光如逝。毕业至今已三十余个年头，期间由于工作忙碌，一度搁置了写作，近些年重新拾起后，仿佛又找到了当年的感觉。写作，曾改变改善了我的工作和生活。如今再回头去看，更是改变改善了我的生命状态。

我要衷心感谢我的立功老师！

木兰头开了，谁陪我去采

春天来了，树木抽出新芽，渐次拓展成圆形，淡淡的鹅黄变成浅绿、碧绿，扑闪扑闪地伸满枝头，顶起昂扬的郁郁葱葱。

那藏在大山深处的，满山满坡的栾树，也该在暖阳与山寒的交融中，睁开惺忪的眼睛，抽出毛茸茸的嫩芽——木兰头了吧。

我想去看它们，却没有人与我同行。

我想攀爬于高高低低的崖畔，却没有人为我引领。

我想坐在石头上抽支烟，歇息一下疲惫的身体，却没有人走过来说："给，老弟。"

眼睛已经湿润，心还在狂跳不止。

在这繁花似锦的春天，无尽忙碌后的闲暇时刻，我想起了你，想起那个春天的下午——

蓝天白云暖阳，闲花野草杂树。顺着沟往上走，看不够的景致，问不完的新奇。

你一边走，一边娓娓道来。谈笑风生间，是兄是友，说不清，也不妄评彼此的情分。

山腰、山巅处顶着的一抹红色，就是木兰头。你说这树叫栾树，刚萌发的嫩芽叫木兰头，是一种非常好吃的野菜。

将近六十岁的你，拨开荆棘，悬着身子，在最险处采摘无法被人采走的木兰头。

我一直提醒着你"小心，小心"，你笑笑，身子在树丛和石丛中来回游弋。

下了山，你早已准备好袋子，把大家采摘的，还有你采摘的，都装进去，一人一袋。

"先洗一洗，再用开水淖一淖，包饺子，蒸菜包子，香得很……"你笑眯眯地说着，我们似乎嗅到了那来自大山深处的草木气息。

让人可笑的还有，在山中，我发现一个小石槽，盛着一汪清水。那水，是山上渗下来的，一滴一滴滴进去；那一方石槽，粗糙得憨厚，精巧得可爱。我想据为己有，一番犹豫后，又断然否定了这份贪心。

你却记住了。从山民那里寻到一个，不由分说，抬上车子。还说："老弟，要是嫌不美，随后我再找一个，给你送去。"

我焉能如此？

如今，那个你亲自装上车的石槽，还稳稳地在我的室内。你却走了，再也看不到你矮矮胖胖的身影，再也听不到你大山般浑厚的声音，再也不能你抽我一支我抽你一支，不管是低劣还是精致，但都是兄弟情谊的香烟……

想起你，又想起那个冬天的晚上——

九点多，朋友打来电话，要我帮他借一件东西。他要急用，我明白，他不急不会给我说。

这样的时点，这样的事儿。我该向谁打电话求助，他会把这事当成一回事呢？

我第一个想到的是你。你说："我现在就联系，一有消息马上告诉你。"

一大早，我还在被窝中，手机响了，是你。我担心一样是坏消息，

因为我已接了七八个这样的电话。你淡淡地说："老弟，我给你问好了，某某那里有。"

我一下子激动得不知说什么好。你又说："我给你送过去，你总是忙。"

这是哪般道理？

我说："谢谢你，老哥！"你说："谢球啥哩！这算啥忙！"

时间就这样悄然滑行。平常而又平淡的日子里，各忙各的，但是见与不见，心都很近，很近。

突然有一天，听说你住院了，我的心一下子揪得很紧。我又想，依现在的医学水平，依你的身体底子，啥病能打垮你？

但是，我期盼的奇迹，竟然没有发生。你真真切切的要休息了。

那天，是个晴好的天气。早上，大家去送你。我分身无术，只有面向北方，在心里，遥寄一炷香。

今天，我终于闲下来，你却走向了远方……

在敲击这篇文字时，我与你的老伙计打电话，下午想去看看你。

就去你的新居，点上一包烟，敬上一杯酒，把这段文字读给你，把这张纸燃给你。这一切，你都会神知吧。

对了。前几天，在 QQ 空间上看到一段话——杏花已谢，杏儿满枝头。可我知道：我再也吃不到那么好吃的杏儿了……满目苍翠掩身影，一路走好！

我把这段话收藏起来。这是一个小字辈儿写的。人来到世上，不管或长或短，能得到这样的评价，足矣！老兄，安息！

想去看你的想法，涌在心头，憋得难受。但由于种种原因，得到回绝。

我放下这份念想，放不下的却是绵绵长长的弟兄情义，深深远远的追忆……

240

北大国培，走过何曾离开

在北大国培班的短短十天里，我像一头饱受饥荒的牛撒在肥美的大草原，只顾将大把大把的青草一股脑儿向嘴里裹。

离开北大的日子里，我挺着鼓囊囊的肚子，一直想寻求阳光照耀下的一段墙根，静静地卧下来有滋有味地反刍反刍。

然而，一回到单位，套绳就又挂在肩上，伴着"咯吱咯吱"的响声，我习惯性地迈起双腿，像蒙上了眼罩一路前行。

两个记录满满的笔记本在桌子上放着，时不时翻一翻，那是一种回归青春的恋爱，那是一段浪漫而神奇的精神之旅，那是一场洒落心头的花瓣雨……

语文教师要当读书的种子，把培养学生读书兴趣作为语文教学的头等大事。不能只强调精读，还要连滚带爬地读，泛泛地读。读书杂的学生才有后劲，会考试而不会读书的学生，最后是很难冲上去的……温儒敏教授温文尔雅的大儒风范，是一张网网住了我的一往情深。他娓娓道来，不急不缓，却如一声声惊雷在我的心际炸响。

我们要给学生引向哪里？是让他们看得见碧水青山，看得见白云蓝天，看得见浅草小溪，看得见雪域高原……还是让他们在有限的文本中打圈圈，在狭小的教室里戴着镣铐跳舞，在一勺勺地硬塞中败坏

他们的胃口？如果向导迷失了方向，那么我们身后的那群人，是不是要面临一场万劫难复的深渊？

那是一张照片，温家宝总理视察北京黄城根小学时，坐在教室后面听课的一个镜头。画面里除了温总理，还有五六个埋头读书的孩子。盯着这一定格的画面，心头开始滴血……六个孩子至少有三个戴着近视镜，六个孩子无一例外地佝偻着身子，唯有两鬓霜染的温总理身端气正神闲。又是一张照片，周恩来总理1945年去重庆谈判时，身穿毛呢大衣，头戴礼帽缓缓走向人群。这就是我们的总理，"人民尊敬你，敌人害怕你"；这就是我们的总理，轩昂的气度，大家的风范。难道总理自有吉相不成？

让我们走进这两位共和国总理的母校，去看一看南开中学的衣镜铭吧——面必净，发必理，衣必整，钮必扣，头容正，肩容平，背容直。气象勿傲，勿暴，勿怠。颜色宜和，宜静，宜庄。这是张伯苓、严修主校期间，为了培养和规范学生的仪表和举止而在一面一人高的大镜子上刻写的箴言，它也成了"南开精神"的一部分。难怪当时有人评论："南开学校乃一极有精神之学校……学生均甚活泼而眉宇间有一种文雅之态度。"

这两幅画面，这一番话语，其实只是北京理工大学附属中学任志喻校长讲课前的简单导入。我不想再去写他的课给了我们什么教益，这就足以让我们如五雷轰顶般的震撼。我们的教育到底应该做什么？我们的语文教师又应该做些什么？难道我们整日忙忙碌碌，就是要把一个个富有天性的孩子培养成戴着厚厚眼镜片，身子东倒西歪的人吗？

教育做不好，民族的未来又在哪里？是谁说过，一个民族没有科

我的语文教学之悟

学技术，一打就垮；没有精神和文化，不打自垮。挺起腰杆吧，我们的老师，我们的同行，我们不卑微，亦不平凡。用心智和汗水把共和国大厦筑得更牢更坚，有你，有我，有他。

"语文教师在学生面前应该始终是最语文的。"当首都师范大学张彬福教授说出这句相当拗口的话时，我的思维一下子短路了。继而，陷入对自己语文教学生活的回忆。那是二十多年前的一节语文课，我让随利芳同学站起来朗读《白杨礼赞》，当她将要读到"难道你就只觉得它只是树？"时，我再也抑制不住自己，悄悄走到她身边，和她并肩齐声朗读，我生怕我的加入让她愣住，不曾想她瞬时亢奋起来。当我们读完后，教室内顿时响起经久不息的掌声。那一刻的默契，是文本与生本的交融，师生心灵的相通；那一刻的气场，是我在语文，语文在我。

那段日子里，我常常把自己写的文章朗读给同学们，或者把我的手稿、剪报等，作为对他们的奖赏。我的文章和学生们的文章不时见诸报端，学生们写作简直达到走火入魔的境地。此般感受激发我写了一篇文章《老师下了"水"，学生才会"水"》，一投出去马上就被《作文指导报》刊发出来。这也许正是张彬福教授所言，你想让学生成为什么样子，自己先要做出个样子。

是啊，做一名能帮学生解疑的语文教师，不难；做一名能成为学生示范的语文教师，不易；做一名能形成学生人格的语文教师，优秀。我只是无意识地在做着学生的示范，而这距离一个优秀语文教师的路子还有多远呀！

很感谢国培班安排的最后一节课，那是清华大学附中王君老师的《一路修行做老师》。我们在感染着她的激情，领略着她的智慧，接

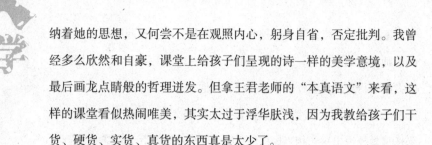

纳着她的思想，又何尝不是在观照内心，躬身自省，否定批判。我曾经多么欣然和自豪，课堂上给孩子们呈现的诗一样的美学意境，以及最后画龙点睛般的哲理迸发。但拿王君老师的"本真语文"来看，这样的课堂看似热闹唯美，其实太过于浮华肤浅，因为我教给孩子们干货、硬货、实货、真货的东西真是太少了。

若不是这次国培班的及时纠偏，我是不是会像没有穿衣服的"皇帝"那样，如跳梁小丑般继续炫耀这世上最美的华裳？教育是一个不完美的人，领着一群不完美的人，走向完美的过程。见自我——见天地——见众生。一路修行做教师，一路修行教语文。在这条路上，我，以及我们每个人，都怕要穷其一生。

不去说北大那未名湖畔宜聆听，博雅塔下好读书的文化气息，亦不去说八千里路云和月，前世五百次的回眸才换来今生擦肩而过的同学情谊，只说314电教室里那一餐餐文化盛宴，都够我们一辈子去仔细咀嚼！

走近周遂记先生

    这一天，是 2015 年立春。这一天，要召开汝州市文化艺术界表彰大会。春是温暖，鸟语花香；春是生长，耕耘播种。文化艺术界的同仁们来了，大家一起走进春天，走进位于汝东高新技术产业园区的四知堂制药有限公司，走近公司董事长周遂记先生。

    宏伟气派的办公楼六楼，是十五间长的宽敞的会议室，名家书画悬挂四周，精美瓷器点缀其中。汝州市文化艺术界群贤毕至，少长云集，大家握手交谈，赏书品画，兴奋激动之情溢于言表。多少年来，不曾有这样盛况空前的聚会，不曾有这样高规格的礼遇和厚爱。遂记先生拿出数十万元奖励为汝州文化发展做出突出贡献的同仁道友，怎能不让人群情振奋？

    遂记先生是地地道道的农民企业家，也是汝州屈指可数的名人、好人。二十世纪八九十年代，靠十七枚鸡蛋孵出"航空母舰"——汝州市现代企业总公司这家养殖集团，他被评为全国劳动模范，当选第八届全国人大代表，可谓叱咤风云辉煌无比。创业成功之初，遂记先生就不惜重金为家乡温庄建起一所小学和中学。作为一名教育工作者，我自然对他重学兴教的义举佩服之至、仰慕已久。

    那时候，几乎所有的学校都是民房式建筑，他却让几栋教学楼昂

下水之乐

然崛起于被汝州人称为"虎狼"的爬岭；那时候，老师们的工资还是每月一两百块钱，他却额外为老师们每月发放 100 元的生活补贴；那时候，老师们辛苦一年拿到的奖品无非是一件普通的床单、毛巾被，他却为老师们发到几百甚至上千元的奖金。温庄，一个名不见经传的小村子，因为有了周遂记的带动而富甲一方、声名鹊起；温庄小学、温庄中学，因为周遂记的鼎力支持，教学质量异军突起，吸引了十里八乡和城区的学生纷纷慕名前来就读；这两所学校，也一度成为广大教师心中的天堂，梦中的理想王国。大家眼羡那里老师的优厚待遇，慨叹那里出了个尊师重教的周遂记！

后来，受金融危机的冲击，企业陷入低谷，直至破产转型，遂记先生也一度黯然沉寂。如今，经过二十年打拼，四知堂制药有限公司逐步发展壮大，并被国家商务部认定为中华老字号企业，遂记先生再度矗立于世人面前。我第一次见到他是五年前，那时他一头乌发，面带笑容，声若洪钟，随意淡然，精神饱满。这次相见时，他已满头银丝，依然笑容可掬，慈祥有加，浑身散发着喷薄而出的精气神。

表彰大会开始了，遂记先生致辞时，"腾"地一下从主席台上站起来，他没有讲稿，手持话筒，侃侃而谈，如话家常。"汝州文化界的精英们、老师们：好多年没有与大家见面了。今天，大家能来到我的厂子，我首先表示欢迎和感谢。"一个年逾六旬的老人就这样站着开讲了，思路之清晰令人惊叹，朴实亲切的话语让人温暖。短短几分钟的心里话，句句饱含对汝州文化的情有独钟，对家乡的爱之深沉浓郁。

他说："我成功过，也失败过，如今我东山再起了，就要回馈汝州的父老乡亲。"前几年，四知堂制药刚刚开始正常运转，经济上稍稍喘过一口气，遂记先生就把原来因企业破产未能兑现老师们的奖金，如数发放到每一个老师手上。此时，已逾十年，有些老师已经调离他处，甚至退休还家，大家早把这事忘得一干二净，他却念念在心。他欠大家的吗？不。他毅然决然地这样做，完全出于他的人品，他的秉性，他的道义。我能想象到，那些年他没能兑现老师们的奖金时，背负于心的十字架是多么沉重。这样宁折不弯、重信修义的硬汉，怎能不让人刮目相看、敬重有加？

春节前夕，汝州市委宣传部联合多个部门，开展了涉及十个类别的"最美汝州人"评选活动。在践行社会主义核心价值观的当下，这个活动无疑为弘扬真善美、传承正能量起到了很好的助推作用，无疑为创建文明、和谐汝州增添了新的强劲的动力。而为这次活动提供奖金和其他方面支持的，正是四知堂制药，正是东山再起后的遂记先生。他的身上有种勇于担当、乐于奉献的大爱情怀，有种厚德载物、谦卑持重的君子风范。任何一个地方都不乏一些有钱人，但并不是所有的有钱人都乐意拿出钱来砸在公益事业上。我是敬佩遂记先生的。

对于遂记先生的二次崛起，好多人感到惊诧不已。因为创业难守业更难，东山再起更是难上加难。不少人达到事业巅峰后，以抛物线的形状迅速下滑，陨落尘埃。即使一些知名企业家能够东山再起的也不多，史玉柱算一个。遂记先生也一样做到了。若非参加今天这个活动，也许我难以破解遂记先生再度辉煌的秘密。

他在知天命之年沿着当年中央红军的长征路线，一路跋涉，攀高履险，餐风饮露，历时四十五天，行程两万五千里，实现了重走长征路的梦想；他先后三次抵达北极和南极；他甚至还想在有生之年登上珠穆朗玛峰。这种活法，人们称之为"爱折腾"，佛家叫"苦行"，

新词叫"虐心"。他欣然折腾，享受苦行，虐而不已。

　　著名媒体人郑有义在《男人的活法》一文中说：这个世界，只有男人和女人。由于生而有之的生理、心理特点，从一定程度上来说，男人的行为即世界的行为，男人的生长、成就、发展，即世界的生长、成就、发展。男人的智慧、胸怀、担当，直接决定着家庭、单位、种族、国家乃至世界的走向和未来。遂记先生是一个苦行而真实一生的人。他的确一直在路上，且有梦想，有信仰，有胆识，有毅力，有智慧，有风格，有正气……活得荡气回肠。老天不负修行者！

　　会议要结束了，遂记先生抱起话筒深深地鞠了一躬："今天，大家来到我这里，我没法管大家吃饭，我给大家鞠个躬。以后，同志们早晚想到厂子里来，尽管给我打电话、发短信，只要我在家一定好好招待。"

　　最是这一低头，我们看到了更加高大伟岸的遂记先生。

站在金庚先生像前

斯人已去，风骨长存。仁心仁术，代代传承。荫庇后人，佑护苍生。维汉相亲，雪莲绽放映日红。汝州大地，爱潮涌动漾春风……

伫立在金庚康复医院宽敞明亮的大厅，久久地凝望着国医大师宋金庚老先生的铜像，我不由心潮澎湃，浮想联翩。

中原中医中药，薪火昌盛；汝州神医神药，层出不穷。伏羲制九针，神农尝百草，仲景采众方……孟洗食疗留巨著，丹阳救妇传美名，"四知堂"药酒有神功……仰望星空，历史的云烟缓缓飘来，云蒸霞蔚。脚踏此地，一代名医宋金庚老先生的微笑定格成最美的风景，可亲可敬。

金庚老先生是土生土长的汝州人，更是地地道道的纸坊人。在老百姓的心中，他是疑难杂症的克星，更是患者的大救星。"谁有病，找金庚"，二十世纪六七十年代，这句口头禅已在纸坊一带，乃至临汝、郏县方圆上百里的地域广为传颂。他手中的那把刀锋利无比，专门"去死肌，杀三虫"，化腐朽为生机。然而，在年幼无知的孩童眼中，他可是尊"瘟神"。民间流传着一句话："再闹人，找你金庚爷爷。"孩子们不管哭闹得再厉害，一听到这句话就立马止住哭声，直往娘的怀里钻。

有一年，我的腿上长个毒疖子，半条腿肿得红明。在村上的诊所看了好多天仍不见效，我一直担心父母带我去纸坊卫生院找宋医生，便躲在屋子里支起耳朵听动静，只要父亲一提到出门借自行车，我就哭闹不停。这天，父亲连诓带骗，用架子车把我拉到纸坊卫生院。

那是一幢低矮的民房，窗外是一排高大的白杨树，宋医生的诊室在医院最南边的两间病房里。父亲抱着我坐在一条大板凳上，小心挽起我的裤子说："来，让爷爷看看，爷爷不给你开刀。"宋医生走过来，笑眯眯地说："哟，生活不赖呀，腿都吃胖了。"他瞄了一眼，回头朝里间转一圈，又走回来，指着窗外说："快看，快看，那是一只什么鸟，叫得这么好听？"

我回头的刹那，他指头缝中夹着的刀子就下去了，一股脓水冒了出来。我哇的一声大哭起来，他爽朗地笑道："你看，我还没挨住你，你哭啥哩？"他把一抹紫药膏涂在伤口上，说道："好了，回家一天上两次药膏，一星期就长住了，别再来回跑。"

四十多年过去了，每每去浴池洗澡，端详着膝盖上留下的印痕，我都会忍不住笑出声来。那次小手术似乎是爷孙俩的一场游戏吧。单看面相，宋医生的确有点粗暴凶狠，然而他的内心是多么柔软慈悲呀！

不知道为什么，那时候，头上长疮、身上长疖子的患者特别多。父母的解释是毒气大，现在想想可能是卫生条件不好的缘故。正因为此，我小时候没少与宋医生打交道。

这时，宋医生已经退休，在家乡陶村开办了中医外科门诊。二姑家是武巡的，与陶村近邻，彼此很是熟识。我每次去看病，都是二姑带着去的。宋医生穿着一件硕大的蓝色中山装上衣，坐在诊台前的一把老式圈椅子里，头发花白，眉毛向上扬着，说话声有些沙哑却如洪钟般响亮。他还爱偶尔开个冷玩笑，弄得满诊室患者一阵轻松。

我的语文教学之悟

宋医生从病人中抬起头，看见熟人来了，递上一眼算是打了招呼。二姑也从不搞特殊，直到在排队的人群中轮住，才搭上腔："老宋伯，给娘家侄儿看看。"宋医生接过话："娘家侄儿，可不敢得罪……"他朝患病处仔细看看，轻轻按按，随手写下处方，嘶啦一声，递过来。

　　二姑拿着方子来到药房窗口，接过装药的纸盒子，正要掏钱，被取药医生挡了过来。俩人正推让，传来宋医生的吼声："把你家的钱柜子给我拿来，这不行，太少！"二姑笑道："中，回家给您搬钱柜去。"说完，二姑扯上我离开诊所，留下一路笑声。

　　纸盒子里是一团紫药膏。我一直很好奇，这紫药膏配的是什么药呀？怎么如此神奇，什么疮都治！我曾偷偷向药房里打量过——好家伙，几个大缸里面，全是紫药膏、白药膏……"药少力专，简、便、廉、验"，这便是普救含灵之苦的中医中药，这便是深得其妙法的宋氏中医。

　　随着慢慢长大，所谓的毒气少了，也就很少再光顾宋氏中医外科。但是每次去二姑家，总能在崎岖不平的土路上，遇到赶毛驴车的、拉架子车的、骑自行车的、驾摩托车的，还有开着各种牌照小汽车的……他们大多是怀着朝圣的心态，抱着起死回生的希冀，就诊于陶村宋氏中医外科。后来，我在纸坊镇上教书时，也常常遇到神情黯然的外地人，小心翼翼地问路："陶村怎么走？金庚医院怎么走？"

　　那时候，信息传递的唯一渠道是口口相传，然而这肉喇叭的作用比当今的网络还厉害，宋氏中医外科的名声不胫而走。本省的，外省的，骨科病的，脉管炎的，乳腺病的……凡是在当地，甚至辗转各大医院都治不好的疑难杂症患者，都纷纷慕名而来。小小的门诊室已容不下天南地北涌来的患者，宋氏中医外科变成了楼上楼下的医院，熙熙攘攘的病人和家属有了更好的医疗服务。

　　当地政府也对宋氏中医外科高度关注。为解决患者来往交通不便

的问题，三十年前，纸坊乡开通的第一条乡间水泥路，就是由乡政府所在地直接通往陶村宋氏中医外科门口。紧接着，第一条公交线路"汝州——陶村"也顺利开通。陶村——纸坊——汝州，因为有了宋金庚，有了宋氏中医外科，一个名不见经传的小村、小镇、小城，逐渐家喻户晓、世人皆知。

女儿小时候坐自行车，脚跟挤在车条辐里，拧下一大块肉，在村上的诊所进行了包扎。孩子喜欢跑动，又正值夏天，好不容易伤口愈合住了，她一跑一动一接触水，伤口感染化脓。

我骑自行车带她去看宋氏中医外科，一路小心谨慎，却不防她受伤的脚跟再次挤在条辐里。看着女儿大声啼哭、疼痛不止的样子，我抱起她，一只手扶着车把，一口气骑了四五里地，赶到陶村。

这时，宋医生年事已高，还坚持坐诊，只是他的对面多了个年轻人。这个人就是现在的金庚康复医院院长宋兆普——金庚老先生的三子。

宋金庚，庚者，天干第七位，方位吉祥。庚者，继承，创新，更新。勤学上进的宋氏三兄弟都继承了父亲的医德医术，老大老二独立行医，已声名鹊起。兆普与父亲一块生活，一同坐诊，父亲的耳提面命，严格要求，使他的医德医术有了长足的长进。

兆普医生看孩子哭闹不止，连忙问："咋了？"我如实诉来。他听了，脸一唬："你还老能哩！旧伤没下，你再给挤出个新伤。"

他的话风和老爷子别无二致，看似嘴不饶人，却满含对患者的怜爱怜惜之情。这次给女儿看病，与我当年已相去近三十年，市场经济已渗透到社会的各个角落，但兆普医生给孩子包扎上药后，依然是分文未取。一周后，孩子受伤的脚跟彻底痊愈，开始满院子疯跑。

英国有句谚语："一个父亲胜过一百个老师。"宋兆普，接过父亲的手术刀，救死扶伤无穷期；宋兆普，传承宋氏中医，又不断精研

我的语文教学之悟

创新；宋兆普，将优良家风和中医之道兼容并包，把爱的阳光和中医之术普照大地，给无数患者带来了好兆头……

宋兆普呕心沥血，不负父望。宋氏中医规模持续扩大，医疗条件不断改善。期间，先后经历了三次跨越。从家乡陶村搬到汝州东环，从东环搬到广成路上的金庚康复医院，从现有的医院规模到继续东扩。如今，位于广成路与城垣路交叉口的金庚康复医院大楼，红绿相间的琉璃瓦在阳光照耀下，闪烁着中式建筑风格的深厚文化底蕴，远远地飘荡着神奇的中药之香。

古人云，宁可架上药生尘，但愿人间无病痛。纵然，人人都不愿与医生打交道，然而疾病却时时纠缠着人们，谁也难以绕过这道弯。为满足患者对医疗水平不断增长的需求，宋氏中医不仅注重医疗条件改善，更致力于延揽人才，培养团队，打造"大医精诚，慈爱天下"的中医文化……

丁酉（2017）年4月8日上午，春雨洒洒，花红柳绿，汝州作家"金庚神韵"文学笔会隆重召开。在金庚康复医院电梯间，我与急匆匆上楼的宋兆普院长碰上。50多岁的他已然雪染白头，却是大步流星，好似有赶不完的活。我情不自禁地说："老哥，这些年陷进去，出不来了呀。"他笑道："是呀，只有往前走吧。"

这样的对话，我们彼此心领神会。宋兆普从小受家父影响，耳濡目染，养成了勤于学习、刻苦钻研的习惯，练就了不断攀登中医之术的韧劲，更秉承和发扬了父亲"穷则独善其身，达则兼济天下"的为人之道。

中医治疗脑瘫，加上科学的康复训练，一个，两个，十个，二十个……成百上千个脑瘫患儿，张开了笑脸，说出了第一声话语，迈出了人生第一步，也换来了无数个父母的笑颜，驱散了笼罩在无数个家

庭上空的阴霾……

冰心有诗："万千的天使，要起来歌颂小孩子，小孩子那细小的身躯里，含着伟大的灵魂，有着无穷的机智。"宋兆普抱着康复后就要出院的患儿，内心的幸福感、成就感、满足感，胜过无数的荣誉和桂冠。

"河南省劳动模范""河南省残疾人康复工作先进个人""河南省十大慈善爱心人物""全省优秀共产党员""感动中原十大年度人物""全国基层优秀名中医""全国助残先进个人""全国优秀科技工作者"……这些都不足以让他如此兴奋，如此坚定，如此仰望星空，追梦远方。在治疗脑瘫患儿的艰辛道路上，他再也停不下奔跑的脚步！

《易经》云："天地有大德曰生。"我想说，医生有大德，不在于他把患者的生命长度拉得有多长，而在于他把患者的生命质量提到了多高。

一人有病，全家不安。病痛的折磨，经济的困顿……击碎了无数个脑瘫患儿家庭的美梦。宋兆普豁了出去——实施免费治疗，既要提高患儿的生命质量，还不能让其家庭因此陷入生活困境。一批又一批来自新疆的脑瘫患儿，来自全国各地的脑瘫患儿，来到了河南，来到了汝州。这里，成了他们的第二故乡，成了孩子们生命启航的温暖港湾。

于是，时任全国政协主席俞正声，国务院副总理刘延东，全国政协副主席杜青林，中央统战部部长孙春兰等党和国家领导人纷纷做出重要批示，充分肯定宋兆普在民族团结方面做出的贡献！

于是，时任河南省委书记谢伏瞻、省长陈润儿、副省长王艳玲等领导来了，带来了省委省政府领导的殷切期望和谆谆教导。谢伏瞻拉着宋兆普的手说，兆普，你为民族团结做了一件大好事。

于是，民政部的领导来了，卫计委的领导来了，新疆维吾尔自治区的领导来了……无数领导的关怀，更加坚定了宋兆普"往前走，莫回头"的决心和意志。

于是，北京的爱心人士来了，上海的爱心人士来了，广州的爱心人士来了……无数仁人志士的支持，把宋兆普心头的那团火烧得更旺。

于是，汝州的教师来了，公务员来了，打工者来了，农民来了……他们义务照料脑瘫患儿，尽力帮助医院减轻负担。爱的力量，鼓舞着宋兆普，也让他看到了更远的前方。

弘扬真善美，传递正能量；厚德载万物，义举化民风；修合无人见，诚心有天知。宋兆普不仅在医治患儿，还在发挥着"润物细无声"的社会教化作用。这又是何等的功德呀！

中医中药，中华武术，中国书法，中国京戏……中华优秀传统文化，灿若星辰，耀我华夏。在建设社会主义核心价值体系的当下，传统文化蕴含的人生智慧、价值观念、道德理想、人生追求、情操境界，以及对世界感知的方式，为我们提供了丰富的精神文化资源。

宋兆普扛起了保护传承中医药文化的重任，宋氏中医被列为河南省非物质文化遗产名录，正在申报国家级非物质文化遗产名录；汝州金庚中医药博物馆也正在筹备建设之中……宋氏中医这朵中医药文化的奇葩，正演绎得更加神奇瑰丽和灿烂！

如今，站在宋金庚老先生的铜像前，我想说：当您看到一个生态文明健康智慧幸福的大美汝州，像颗新星正冉冉升起；当您看到您的儿孙辈们已把宋氏中医的博大精深，幻化成治愈人身心的缕缕药香……您该足以含笑九泉了吧。

一路走来满眼春

行走在家乡的大地上，我无时无刻不与你窃窃私语：家乡啊，你变绿了，变净了，变美了，变得更有品位了。我深情地仰望着你，由衷地热爱着你，不仅因为我是你的儿子，更因为你给了我爱的理由。

那一日，我回老家纸坊办事，公路两旁的村庄好像一下子向后礼让了几大步，花坛花带花圃一条线排下去，形成了流动的五彩缤纷的长廊。下了公路，眼前的一幕更是深深地吸引了我。这里，两条路交叉形成的空地，曾经垃圾遍地惨不忍睹，如今却变成了一个美丽的花园游园。杨柳迎风含笑，月季吐芳争艳，丹桂清香流韵，冬青眉目传情；曲径通幽处，亭台两三座，栏杆环环连，一步一景观。折进镇政府的马路，眼前又是一亮，交错摆放的木制花盆花团锦簇，像一张张温馨可爱的笑脸，整齐的太阳能路灯像雄壮威武的仪仗兵夹道欢迎……

生我养我的故乡啊，一尊鹳鱼石斧图彩陶缸，是多少人心中解不开的华夏文明情结；万亩瓜果蔬菜，又曾富裕了多少黎民百姓！然而，深居此地的父老乡亲，又有几人能对此如数家珍地传颂？今天，镇党委、政府把"国宝圣地，瓜菜之乡"的匾牌高高地竖立在洛界路上的入镇口，也竖立在人们的心中。作为纸坊厚土的一颗微粒，我该如何感谢我头顶的这片光环呢？除了敬重历史和过往，我还要敬重"美丽乡村建设"这一推动历史前进的英明。

那一日，我们一群骑友沿杨虎路向西骑行。这里是一个叫唐村的村庄，路旁的别墅拔地而起，白墙红瓦，绿树掩映，几位老人在门前的健身器材上悠闲地活动着身骨。一位从外面回来的老兄停好汽车，热情地邀我们去家里喝茶。推开大门，院子里十多名工人正在电动缝纫机上忙碌着。他笑着告诉我们，他们加工的足球已远销海外。逗留于此，一个新农村建设的缩影，一个现代农民的幸福生活，一位老乡的纯朴热诚友善，让人心头澎湃着无尽的激动。改善人居环境，改善的何止是环境，还有人的心境啊！

这里，毫无疑问是尚寨了，你看那块巨石上镌刻着的遒劲的大字就明白了。它的后面是一个因势而建的游园，碧草鲜花，笑意盈盈。游园后面那色彩斑斓的建筑是座新建的幼儿园，孩子们的欢声笑语飘过来，像树上的鸟鸣清脆悦耳，真是个诗意的存在。大家不由纷纷赞叹，一个骑友动情地说："这里过去是地地道道的虎狼爬岭，拉屎都不长蛆的地方，现在却成了白富美。"

这里，是汝州西南部的杨楼镇。一面面文化墙连成了流动的风景，《二十四孝》《弟子规》《三字经》……传统文化的内容被图解得栩栩如生。置身于此，我似乎看到了杨楼镇开展经典诵读的盛大场景，似乎听到了那排雷滚滚的琅琅书声。不，那该是一场场绵绵春雨，飘飘洒洒，润物无声，把这片大地滋养得格外丰盈。我不知道，清朝嘉庆年间的杨姓官员，当你站在杨家楼上，俯视当下的十里文化奇观，又会发出怎样的感叹？

那一日，我们沿洛界路向西骑行。荆河湿地的盎然绿意，小寨村的美观洁净，东营村的文化昌盛……一路走来，看不完的乡村美景，

道不尽的发展繁荣。当我们一脚踏进临汝镇的樱桃沟时，那真是心都醉了，千亩樱桃像燃烧的春海。路边汽车如龙，树下人头攒动，园内笑语荡漾，四周一片碧野，又显得那么安详静谧。好一个世外桃源，好一番人间仙境！

那一日，我们向大峪深山骑行。我已经忘记了这个村的名字，只知道它叫什么窑。在我印象里，凡是叫窑的地方，灰头土脸、脏乱不堪才是它的特征。然而，我错了。这个叫窑的地方，蜿蜒的水泥路洁净如洗，各家房前屋后有树有花清新灵动，就连那空地上的柴堆也摆放得像艺术品一样精致玲珑……还有几位身穿黄色反光上衣的清洁工在阳光照耀下不停地晃动。我凝视着墙壁上的宣传标语"争当文明户，争创文明村"，幸福和骄傲之情油然而生。我们的家乡啊，无论平原、山村、丘陵，都在向着生态、美丽、文明，大步前行！

当然，作为在县城居住的我，更切身地体会着城市建设的日进有功。且不说，汝河之水的波光潋滟，"风马怪"的旖旎胜景，汝登高速引线那如诗的气势，汝东新城那如画的恢宏，科教园区把荒山变绿城的宏伟蓝图，国道207改道托起大汝州框架的光明前景，单去听听老百姓对洗耳河治理，对望嵩文化广场改建那发自肺腑的心声，你就明白"改善人居环境"真是件为汝州大地植绿种春的工程，是在百万汝州人民心田织锦耕福的工程！

写作——高雅的爱情

爱上了写作，无数个闲淡的日子变得花枝春满，天心月圆，生命也因此绚烂明艳，充盈而富有诗意。

有写到会意处两情相悦的美妙，有脱稿之余赢得芳人心的欣悦，有相濡以沫文我共生共长的默契。

回望这场生命的伟大遇合，由衷地感到写作真是一种高雅的爱情。

善于发现她的好

生活中，一段经历，一点感触，一丝冥想，一次奇遇，一个插曲，一场梦幻……

自然界，一丛草木，一块山石，一朵鲜花，一只飞鸟，一场雨雪，一颗流星……

甚至是偶尔听到的几句对话，或是从生活湖面上飞溅的一朵浪花，都可能心有所动，激发情感，产生写作的冲动。

并不是所有的人，都能达到"灵犀一动，心有所感"，直至"乘兴走笔，倚马可待"之境界。

我也不能。但我觉得善于发现她的好，才能将这场高雅的恋爱谈得轰轰烈烈，多姿多彩。

佛家说，因有善缘，才有善果。文人说，但有善良心，便有诗世界。

下水之乐

259

保有一颗慈悲心，把一切都看作好意，琐碎而又平淡的生活，便会被你用细密的筛子滤出灿灿的金子。否则，再美的虹影也只不过是擦肩而过，空留"鸿爪踏雪泥"的遗恨。

学会玩点花样

写作，是生活中最高雅的爱情；爱情，是生活中最奢侈的花样。

秦牧说，文字即花样。人文，艺术，便是人生的花样。

爱情，是最奢侈的花样吧。

我们不希望生活如白开水般乏味，就应该不断地来点花样，注满爱。让锅碗瓢盆的生活充满诗情画意，让疲劳的审美视觉激活，让心境灵动起来。

看林徽因的诗歌《你是人间的四月天》。

雪化后那片鹅黄，你像；

新鲜，初放芽的绿，你是；

柔嫩喜悦，

水光浮动着你梦期待中白莲。

这语言，细腻如丝，光滑如绸，轻盈如纱，写不尽一个母亲对婴孩的万般情爱。

美到极致的东西，是苦心经营来的。著名苦吟诗人贾岛曾有诗云："两句三年得，一吟双泪流。知音如不赏，归卧故山秋。"

"文质彬彬，然后君子。"追求有"文采"的语言，应是写作者的自觉追求。

也有"妙手偶得之"，"天然去雕饰"的至美之句。

那是灵感的火花在闪耀，激情的泉源在涌流。

那是一场最快意的恋情，一种最舒爽的人生时刻。

可遇而不可求，是也。

保持一颗本真的心

写作是场恋爱，也是一段生命的燃烧。在这个过程中，最要紧的是保持一颗本真的心。

以我手写我心，真实地再现生命的状态。这便是写作。所谓大道至简，一切繁华的东西都要返璞归真。

从某种程度上说，写作就是还原生活本来的面目。还原得越细微，越真实，就越接近于理想的文章和文章的理想。

也许，我们都经历过刻意为文的艰难，这并不奇怪。迈过这个坎，回到朴实的真我表达，写作就成了一种惯性。

越过了激情似火的爱情，剩下了波澜不惊的亲情。这是繁华落尽后的真淳，是荣辱成败后的从容，是静看云卷云舒后的淡定。

与文字缠绵千载，缱绻万年。这辈子最浪漫的事，也许就是爱上了写作！

诗之魅惑

诗者，感其况而述其心，发乎情而施乎艺也。——赵缺

诗虽雕虫，可悟大道；心虽方寸，可容天地。人活在滚滚红尘、烟火人生中，追求的不仅仅是肉体的温饱，还需要精神有所寄托，心灵有所安顿。对诗歌痴痴情深，正因它安放了我的灵魂，它的魅惑亦需要我用一生去解读。

发乎于情

《毛诗序》开篇有语："诗者，志之所之也，在心为志，发言为诗。情动于中而形于言，言之不足，故嗟叹之，嗟叹之不足，故咏歌之，咏歌之不足，不知手之舞之，足之蹈之也。"

从蟒川镇木场村骑行回来，睁眼闭眼都是满山遍野的绿。那绿色的海浪翻腾汹涌、奔流不息，此时的我恰如一叶飘浮海面的小船，急于找到逃生的出口。顿挫、郁集，突然间跳出一个词来"绿魂"——

那是游走于大地上

生生不息的魂

那是笼罩心头

挥之不去的一汪清凉

那是繁华落尽

也将情归一处

候此一生的等待

诗心，绿梦。一相遇，意相契；一交融，神相通；两美必合，余音袅袅绕山行！好似打开一条通道，情感喷薄而出，成就《绿魂》一首。

那人、那事、那情、那景，微微酝酿，刹那间触动了情腺。"灵感一闪，如潺潺清水婉转流畅，自然的洗涤，浸染一切事物情感。愉悦的心声，轻灵的心画，常如啼鸟落花，轻风满月，夹杂着情绪的缤纷，若有意若无意地遗留在各种语言文字上。"

林徽因如此回答"写诗究竟是怎么一回事"，真是妙在其中，不可言说。

寓意于象

那次"山中看杏花"。落英缤纷的杏树，宛如"巧笑倩兮，美目盼兮"的村姑，朴实静美、真诚热烈，俏生生站在眼前，款款向你走来，无来由地攥住你的灵魂。

这个"象"在眼前、在心中，踟蹰徘徊，鲜明生动，万千心绪化作依附于意象之上的具体表现，自然地流淌。浓郁的情感是诗的魂，鲜明生动的形象则是魂的体。魂由体生，体由魂载。二者相融共生，成之为诗。

谁为你披上如云的华裳

谁靓丽了你娇俏的模样

你缓缓地走来

像下凡的仙子

我深情地凝望

就这样沉醉

下水之乐

263

沉醉在梦幻的天堂

…………

其实

我们想见见你

只为穿上嫁衣的你

送上真诚的祝福和希望

在诗里，情感必须依附在意象上，求较具体的表现；意象则必须是明晰地或沉着地、恰适地烘托情感，表征含义。也曾写过小诗《雨中》：

一首经典的老歌

哗哗啦啦

无来由地唱起来

孩子们像小草，像大树

像五月的河流

兴奋得张大嘴巴

在院子里，在大街上

追赶，追赶

追赶童年溅起的水花花

小草，大树，五月的河流……几个富有代表性的物象，勾画出一幅想象中灵动的图景。

无论什么诗，都不曾脱离过比喻、象征，或比喻、象征的语言。诗中意象多是寻常的、简约的、客观的，但代表一堆重叠交错的外象和内心情绪思想的微妙联系，增加感官情感理智方面的刺激和满足。

当你把心中的"意"，托给那个具体的"象"，那真是"郎有情，妾有意"的契合。也许是颜色、形体、声音、动静，或细致、或亲切、或雄伟、或诡异，都在这一刻，腾沸横溢。

言绎情理

诗的表现是一种形象、情感、思想合一的语言，但是这种语言，不能仅是语言，它须是一种类似动作的表情。这种表情又不能只是表情，而是不断传译情感、描写现象、诠释感悟。

汝瓷一尊，灼灼其华。何如表达，释我心结？——

你从一千多年前的

唐宋繁华中走来

你从亘古不息的

汤汤汝水中走来

用汝河的水，汝州的泥

在汝州人的手中脱胎

在人类智慧的熊熊烈焰中

着上天使的色彩

…………

这"水"、这"泥"、这"手"，每一字词须是活着的物象，让人看得见、摸得着、听得到。因为诗的语言是形象的。

这三"汝"合一，每一字词须是贮满情感的一汪清泉，清得能看见那颗心，满得一晃就溢出来。因为诗的语言是饱含情感的。

这"智慧的熊熊烈焰"，这"天使的色彩"，每一字词都须有厚度、有深度、有浓度，有一种思想在恣意蔓延。因为诗的语言是含蓄而隽永的。

形象，意蕴，哲理。没有象，意立不起来；没有理，就失缺了灵魂。一切诗的内涵，需要用形象、情感、思想三者合一的语言来完美演绎。

合于乐音

诗是用来吟诵和传唱的。在反复的吟哦诵唱中，达到心灵和心灵的碰撞，生命与生命的交流。诗的语言要按着疾徐高下和有限的铿锵音调，营造一种节奏感和韵律美，给人直觉意识、情感理智以整体的快惬。

现代著名诗人、学者闻一多先生曾提出诗歌"三美"的主张，即"音乐的美（音节）"，"绘画的美（辞藻）"，"建筑的美（节的匀称和句的均齐）"。

小诗《晓行》，描写一对骑单车的男女。开头一段如是道：

山间的小路

划过一对单车的倩影

林间的薄雾

氤氲了飘飘长发淡淡香凝

染上一抹金色的杨树

挺拔了他的身姿

透着一片红晕的晨光

妖娆了她的笑容

从意象上看，前四句可以分成一组，后四句可以分成一组。从"建筑"上看，第一组的四句，先短后长，显得跌宕起伏，兼以押韵，像两缕相互追逐的阳光，在林间欢快地跳荡。从"绘画"上看，第二组的四句，两两对照，动作、色彩的搭配，节奏、韵律的变化，都是为了画面与声乐这一视觉和听觉的爽耳、悦目、舒心。

诗的语言须追求一种韵味，有如晨曦、滴翠的透明，有如鸟鸣、

我的语文教学之悟

窗棂上雨珠的和谐，有如雷声阵阵、鼓点声声的铿锵。也许，在写作时全是信手拈来，并无刻意而为，但是回头看看，必然是这么回事。

一首诗不管长短，看似纷纷纭纭不知所从何来，但飘忽中有必然的线索可寻，错杂里又是斑驳分明，情感贯穿其中。精致凝练的古诗告诉我们，"起承转合"构成诗的完整统一。任何一首诗，都无外乎由眼前的景、物、事而起兴，然后一笔宕开，反复渲染铺陈，再巧妙一转，回到"情景交融、意理相契"之中。

对生活的挚爱和痴情，是诗的源头活水。化用史铁生的话，就是"不是我在诗词，是诗词在我"。诗的创作来自一颗灵性的心，无尽的美好在思考中。诗是人类灵魂深处最为隐秘的花朵，它喜欢眷顾那些灵动飘逸、敏感勤奋的人。

写诗，是一件浪漫快乐愉悦的事；诗的魅惑，足以让人对生活和生命的热爱加速升温。我，沉沦其中，深醉不愿醒！

下水之乐

回到写作的根性

前段时间，在一次写作研讨会上，有位老师说写作大抵有几种色彩：一种是成才立业，一种是扬名立万，一种是发财致富，而用生命完成对生命的表达和倾诉，则是最真实地回到写作的根性，也是写作的最高境界。我感到这句话道出了写作的秘诀。

汝州有位本土企业家叫邢根立，自小卖蒸馍啥事都干过，大半生风风雨雨。就在他的企业蒸蒸日上时，他却在 65 岁那年突患脑梗，全身瘫痪、不能言语。"上帝关上了所有的门，还为我留下一扇窗。"他开始靠眼睛和大脑书写自己的创业经历、企业管理、人生感悟。工作人员制作一个写有汉语拼音声母、韵母的板子，凭他目之所视，会意地加以拼写。就这样，他靠眼睛写成了《风雨人生》《求解生命》两本书，第三本也已完成初稿。

邢根立的写作状态是极其艰难的，但写作让他以另一种姿态站了起来，也使他的生命重新绽放光彩。洛阳日报社分管发行的副社长贾海修在读了《风雨人生》后，钦佩之情油然而生，当即购买 30 本《风雨人生》，分赠给发行公司中层正职以上人员，要求大家认真阅读，写出读后感，在大会上演讲，投票评出一二三等奖，在内部报纸上摘要刊发演讲稿。在邢根立作品正能量的鼓舞下，报社当年年度各项征订工作全面完成。

著名作家路遥把写作视为生命的全部,他在创作《平凡的世界》时,"正是秋风萧瑟的时候,我带着两大箱资料和书籍,带着最主要的'干粮'——十几条香烟和两罐'雀巢'咖啡,告别了西安,直接走到我的工作地——陈家山煤矿。"这段出自《早晨从中午开始》的话语,正是路遥写作状态的真实写照。

他笔下的少安、少平"往往带着一种悲壮的激情,在一条最为艰难的道路上进行人生的搏斗",这又何尝不是路遥自己的人生、向往和奋斗?路遥在用自己的人生为作品背书,在用自己的生命"悲伤着你的悲伤,快乐着你的快乐",也因此成就了《平凡的世界》这部"激励千万青年的不朽经典"。

多数练笔者,时常会陷入写作的瓶颈,甚至对自己曾经的作品感到面目可憎。这能怨天尤人吗?"行有不得,反求诸己。"《庄子·达生》里有则故事:鲁国有个叫梓庆的木匠,他的主要工作是做祭祀时挂钟的架子,并在上面雕饰猛兽,他的作品被称作"鬼斧神工"。鲁侯曾召见梓庆,探问其中的奥秘。梓庆说:我准备做这个的时候,先要斋戒七日。斋戒到第三天时,我忘记了"庆赏爵禄";第五天时,我忘记了"非誉巧拙";第七天时,我忘记了"吾有四肢形体"。这时,我开始进山寻找所要的木材,猛兽的形态仿佛就在这个最合适的木材上,把它砍回来,顺手一加工,就成为现在的样子了。

做任何事情,只有达到忘我之境,才能做到最好。写作也是如此吧,当我们放下一切,真实地回到写作的根性上,用生命完成对生命的表达和倾诉,这才是献给自己和他人的最好礼物。

下水之乐

人生美丽读书始

　　读书，的确是件很私密、很愉快、很享受的事情。作为成年人，工作也好，创业也罢，挽在心中的那些纠结，拧在思想的那些疙瘩，摆在眼前的那些问题，直搅得人头上发热脚下生风。你想拿出整工夫来，静静地读读书并不容易。若能忙里偷闲，把时间的边角废料编织成一件读书的"百衲衣"，也是件很有趣的事情。

　　1. 睡前读

　　紧紧张张的一天工作结束，匆匆走回家中，"哐当"一声关上屋门，把工作关在了屋外，却又轰然拉开生活的帷幕。做饭，拖地，辅导孩子……当你把这些必需的任务——完成后，才有了纯粹属于自己的时间。柔软的靠背，鹅黄的灯光，放在枕边的书本，仿佛久已等待的一场约会。一行行文字缓缓流淌，思想的荇蔓被梳理得丝丝缕缕，安静而沉稳。心仪的书本宛如一汪碧水，照得见你的喜怒哀乐，纤毫分明；涌动着你感情的跌宕起伏，波澜不惊。有时，不知不觉亢奋起来，像长跑过了疲劳点，心灵在静谧的夜晚肆意沸腾，思想在无限广袤中奔突跳跃。四下孤寂无声，胸中意象万千，多么别致的美学意境呀！困顿的时候，也不必勉强自己，熄灯掩卷，闭目沉思，不知不觉就"过去"了。"斯时夜静堪翻卷，正是心清好读书。"这段美好时光也算是对自己辛劳一天的犒赏吧。

2. 晨起读

你睡了饱饱一夜，美美一夜。此时，刚刚醒来，上班还早，做饭也尚早，家人邻居还在熟睡，周围都静静的。你斜倚床栏，随手在枕侧摸出一本书，她是你昨晚刚分别的情人。轻轻阅读，低低吟诵，浅浅微笑……你听见文字中风唱水吟了，你看见诗行里花开蝶舞了……窗外鸟儿开始练嗓，初阳羞羞染红你身后的墙面，晨读告一段落。下床，洗漱，准备早餐，准备上班。一天美丽从此始。

3. 厕上读

这本不稀奇，宋代文豪欧阳修如此，一代伟人毛泽东如此，敝人也有如此不雅之雅好。此时最宜读精品美文，一两千字，两三千字，时间也刚刚好。这样的短时读书最为专心，常常过目不忘，效率甚高。卫生间内存放着挑拣好的报纸、杂志和散文集。今天没有读完，明天还能接着读。曾随口吟出一段顺口溜来："身在其中不知臭，读书方便两不误。莫歧此番雕虫技，日积月累见功夫。"

4. 游中读

游哉，骑行也。每周末一次，短则单程二三十千米，长则五六十千米，且多是野山野水之地。既达，先埋锅造饭，以充饥饿之腹。尔后，吊床一挂，以栖疲乏之身。当此时，掏出随身携带的书本，安然卧于吊床之中，耳边是虫鸣啾啾的天籁之音，身旁有清爽怡人的微风习习，抬头看云卷云舒来去自由，俯首阅书卷心神畅游。晃晃悠悠的吊床像一叶小船，文字的精神供养鼓起白帆，就这样在宝蓝色的大海上漂荡，有醉氧的感觉，有化作精灵的冲动。偶有牛儿的一声长"哞"，把目光牵引向远处青翠的山坡，寻觅儿时藏匿于草丛间的欢声笑语。怔怔地发一阵呆，再回到书本上，感觉所有的文字都像满坡嫩绿的草尖，清新可爱。

书卷多情似故人，晨昏忧乐每相亲。散淡的时光，与书为伴，生命像蜜饯一样饱满鲜亮……

说写就写，说走就走

近段时间，陷入对师恩的追忆感念之中，连续写了不同阶段的几位老师，发在日志中。

一个未曾谋面的文友说我是"师兴"大发了，希望看到我写当下的文字。我说，我是老猪拱住白菜窑，这点菜扒完就该黔驴技穷了。

这人还夸我的生活安排得挺好，能够说写就写，说走就走（骑行）。我有些欣欣然了，就顺着这句话，写点当下的文字。

一

河南文艺出版社编辑、副编审碎碎老师，在《别让生活耗尽你的美好》的后记中写过一段话：

做文字工作多年，对文字一直存有敬畏之心。常常觉得，一切经历，只有在文字中重述，定形，才是真的经历；否则，便像是白过了似的。作为一个经常在文字里兜兜转转的人，也会感觉，世界不是我们看到的那样，而是被叙述的模样，因为文字里有更高的现实，文字能带我们进入一个更深层、更有光亮的世界。这便是文字，也是写作的魔力了。

碎碎老师的话，戳中了我的命穴。虽然自己离一个真正的文字人还有八丈远，但常常觉得生活怎么那么美好呢？身边的人和事，过去的也好，现在的也罢，又都怎么那么感人心怀，触人情思呢？若不用文字——挑开放大，穷形尽相，铺陈安放，于理何容，于心何忍，于情何归？

进入写作状态后，那人，那事，那场景，一一还原，纤毫毕现。如清风阵阵，微雨洒洒，辰星点点，阳光灿灿，白云悠悠，鸟鸣啾啾，举杯对酌，乱影伴歌……明亮而又温暖。于写作而言，没有什么是不好的，一切都可成为自身的养分。

台湾作家林清玄说过，三流的文章，是文字的化妆；二流的文章，是精神的化妆；一流的文章，是生命的化妆。

我的，充其量只是二流的文章，甚至只是三流的文字的堆砌。我明白，这些东西简直不是东西，不值一哂。但我没有扭曲自己，写的是真实的自己。所以，我痛楚着，并快乐着，始终保持着我写故我在的人生常态。

我总感到有一双双手在后面推着，在前面拽着，这种强大的推力、拉力，让我不能不小步快走。譬如说，前面提到的那位文友，人家把题目都给你出好了，你能不悉听尊便，勉力为之吗？

譬如，另一位朋友说："你有一种能力——任世事烦琐，依然可以坚持自己的喜好，不给自己找借口。"话说到这份上了，你还能停下来吗？

再如，还有一位朋友，更会敲打人。他发来一句爱丽丝·门罗的名言——生活的要义，就是满怀兴趣地活在这个世界上。

看来，真是摊上了，又撕不开，锤不烂，打不掉，那就在这种惯性中悠着吧。

人到中年，没了熬夜能力，睡得早醒得也早。五六点钟醒过，

下水之乐

273

三四点钟醒过，有时一两点钟就开始在床上翻烧饼。干脆起身穿衣，就着昏黄的路灯，悠然前行，来到单位，拉亮灯，一杯清茶，一支香烟，烟飞茶舞，键盘声声，风定落花香……

只是，陶醉了自己，害苦了守更老人。

二

农村出身的孩子，一身土腥气，现在躲到钢筋水泥笼子里，上不挨天，下不接地。要是隔三岔五不出去透透气儿，晒晒太阳，沾沾土味，呼吸呼吸草木气息，就感到浑身发霉，憋闷得要死。生就的贱命，四只爪儿不敢闲，多少动弹动弹，像过大年一样。

几年前，破费一把，买了辆山地车。一加入骑行队伍，就深深迷恋，无法自拔。每天早上五点半准时起床，洗漱完毕，跨上单车，直奔风穴山下。

夏秋季节，风华正浓，野花杂树，满目苍翠，郁郁葱葱的庄稼散发着清新的气息。那分明不是骑车，而是穿行于天然氧吧。返回时，一路下坡，美景从眼前倏然后移，清风从耳边呼啸而过，那感觉是"天地有长风，生命自浩荡"。回到家，冲澡，吃饭，上班，一天都清清爽爽，精神抖擞。

最妙的是每周末的小长途，那是置天下大事于不顾，也必须得身心游行。一大早，骑友们从四面八方云集而来，呼啸而出，兴尽而归。出一身透汗，是淋漓尽致的沐浴，洗了身子，净了骨髓；赏一路美景，有"独与天地精神往来"的感受扑面入怀；来一顿野炊，更觉小小的我也有大大的幸福存在。

有时，一身疲惫回到家中，万千情愫涌心头，顾不上清洗满身臭汗，急匆匆坐在电脑前，贫僧入定般，不闻不问窗外事，一心只码蝇

我的语文教学之悟

274

头字。落笔成文之际，心如清水洗尘，一片明净；身体有说不出的大，好像这就是专属自己的清凉温柔乡。

新西兰有位叫希拉里的人，一辈子的事业就是登山不止。有人问他："你为什么登山？"希拉里风趣地回答："因为山在那里。"

是啊，山在那里。人是大自然的儿子，更是大山的儿子。扑入大山的怀抱，你才能看得见本我，真我，微若尘埃的我，无限放大的我。

玉皇山，是我常登常骑的一座山，在当地也算高海拔了。独自一人骑过，三两结伴骑过，成群结队也骑过。每次骑行，都有与众不同的风景。就像哲人所说，人不可能两次踏进同一条河流。今天的树叶不是昨天的树叶，甚至飘浮的气味都是不一样的。

环山而上，每一步前行都是对自己的挑战，偏偏还要装强做大，明知山有虎硬向虎山行。骑车上去吧，还要冲上山顶，越过庙门，骑进庙院，再攀到居于最高峰的主殿门前。而且是一口气上去，这才叫功德圆满。

站在殿门前向南眺望，群山连绵，宛若卧龙，形如大象。天气晴好时，还能看得见县城林立的楼群，高高的烟囱，银带般蜿蜒游动的汝河……

当然，还有庙里的居士，一见面就迎上一句"上来了，有凳子"。时间长了，改口为"回来了，坐吧，歇歇"。于是，静坐下来，品读庙门上的那幅楹联"望州府苍茫迷离仿佛蓬莱仙境，览殿阁金碧辉煌分明人间天堂"。

这是武汉大学哲学博士，我最尊敬的志军兄台所撰；我的另一位德高望重的朋友，本土书法家国政先生手书。沾他们的光，自己好像也趋道近仙，飘飘然，醺醺然……

河南诗歌学会副会长青青老师，在创作《访寺记》随想中有一段话，照搬于此：

现代社会节奏太快，信息量太大，人其实经常处于无名的焦虑中，治愈这种现代病的是慢不是快，是清凉不是炙热，是安静不是热闹。寻访寺院，与隐士高僧交谈，可谓一剂清凉贴，一张旧船票，一幅云山图。正如东坡居士所说：无事此静坐，一日似两日。

自己虽无寻山访寺之旷达，更无行到水穷处，坐看云起时的超然，但是，偷得浮生半日闲，来一段说走就走的骑行，好似在内心修筑一座寺院，终觉这才是真实的自己，真正的生活。